MARCO POLO

Rumänien

Reisen mit **Insider Tipps**

W0197152

Diesen Führer schrieb Norbert Lewandowski,
Reporter und Reiseschriftsteller in München.
Die Aktualisierung besorgte Kathrin Lauer,
Korrespondentin für deutsche Medien
in Bukarest.

marcopolo.de
Die aktuellsten Insider-Tipps finden Sie unter
www.marcopolo.de, siehe auch Seite 106

MAIRS GEOGRAPHISCHER VERLAG

SYMBOLE

MARCO POLO INSIDER-TIPPS:
Von unserer Autorin für Sie entdeckt

MARCO POLO HIGHLIGHTS:
Alles, was Sie in Rumänien kennen sollten

HIER HABEN SIE EINE SCHÖNE AUSSICHT

WO SIE JUNGE LEUTE TREFFEN

PREISKATEGORIEN

Hotels		Restaurants	
€€€	**über 100 Euro**	€€€	**über 20 Euro**
€€	**50–100 Euro**	€€	**10–20 Euro**
€	**bis 50 Euro**	€	**bis 10 Euro**

Die Preise gelten für eine Übernachtung von zwei Personen im Doppelzimmer mit Frühstück.

Die Preise gelten pro Person für ein Menü mit Vorspeise, Hauptgericht und Dessert.

KARTEN

[116 A1] Seitenzahlen und Koordinaten für den Reiseatlas Rumänien

[U A1] Koordinaten für die Bukarest-Karte im hinteren Umschlag

[0] außerhalb des Kartenausschnitts

Zu Ihrer Orientierung sind auch die Orte mit Koordinaten versehen, die nicht im Reiseatlas eingetragen sind.

GUT ZU WISSEN

INHALT

Die wichtigsten
MARCO POLO Highlights

Sehenswürdigkeiten, Orte und Erlebnisse, die Sie nicht verpassen sollten

 Schwarze Kirche
Die jetzt graue Kirche in Kronstadt ist immer noch das größte evangelische Gotteshaus in Südosteuropa (Seite 31)

 Schloss Peleş
Märchenhaftes Domizil – ein eklektizistischer Bau mit reichem Interieur (Seite 33)

 Biertan
Die schönste Wehrkirche der Siebenbürger Sachsen steht auf der Weltkulturerbeliste der Unesco (Seite 42)

 Sighişoara
Die mittelalterliche Dornröschenstadt in Siebenbürgen (Seite 44)

 Eishöhle von Scârişoara
Der weltweit zweitgrößte unterirdische Gletscher, ein einzigartiges Naturdenkmal (Seite 49)

 Palatul Parlamentului
Das nach dem US-Pentagon zweitgrößte Gebäude der Welt steht in Bukarest und wurde vom größenwahnsinnigen Diktator Ceauşescu in Auftrag gegeben. Heute residiert dort das Parlament (Seite 53)

 Dorf- und Volksmuseum
Das schönste Freiluftmuseum Rumäniens in Bukarest zeigt Bauernhäuser aus allen Teilen des Landes (Seite 55)

Ceauşescus Parlamentspalast hat 7000 Räume

Der Stundturm in Sighişoara

 Hanul lui Manuc
Ältestes Wirtshaus und
Herberge in Bukarest
(Seite 57)

 Curtea de Argeş
Die Fürstenkirche im Kloster
Curtea de Argeş gilt als
ältestes original erhaltenes
rumänisches Gotteshaus in
der Walachei (Seite 59)

 Brâncuşi-Park
Die »Säule ohne Ende«,
den »Tisch des Schweigens«
und das »Tor des Kusses«
von Constantin Brâncuşi sollte
man im Park von Târgu Jiu
gesehen haben (Seite 61)

 Bicaz-Klamm
Der Volksmund nennt sie auch
»Höllenschlund«: die atem-
beraubend enge und steile
Schlucht in den Ostkarpaten –
nichts für Menschen mit
Platzangst (Seite 67)

 Lacul Roşu
Der Rote See in den Ost-
karpaten, der einen Wald
verschluckte (Seite 67)

Fischreiher im Donaudelta

 Voroneţ
Das leuchtende Voroneţ-Blau
des schönsten Moldau-Klosters
wurde zu einem Begriff in der
Kunstgeschichte (Seite 71)

 Donaudelta
Ein Paradies für Pflanzen und
Tiere, eine Entdeckungsreise
in die Natur (Seite 80)

 Deltaurwald Letea
Tropischer Wald mit Lianen
und Schlingpflanzen. Allein
wird man sich im Naturschutzgebiet hoffnungslos verirren
(Seite 83)

 Die Highlights sind in der Karte auf dem hinteren Umschlag eingetragen

Entdecken Sie Rumänien!

Zwischen Karpaten und Schwarzem Meer – ein ganz persönlicher Bericht über ein nahes fernes Land

Vieles wird mit Hand bearbeitet

Ein Telefonat mit der rumänischen Zugauskunft. Ich möchte wissen, wann Züge von Temeswar nach Arad fahren, zwei Städte im Westen Rumäniens, eine Strecke von 50 km. Die Dame am anderen Ende der Leitung nennt drei Züge. Nun möchte ich aber auch die Abfahrtstermine für die Rückreise haben. »Warum wollen Sie das denn wissen?« wundert sich die Auskunftsdame. Verwirrt stammele ich etwas scheinbar Logisches über die Notwendigkeit und über mein Recht, Reisen zumindest in den wichtigsten Details vorher zu planen. Dann habe ich eine Idee: Ich erzähle der anonymen Angestellten der staatlichen rumänischen Eisenbahn schlicht und einfach, weshalb ich nach Arad fahren will. Nach diesem Outing öffnet auch die Beamtin ihre Seele und gibt mir, außer den Abfahrtszeiten, weitere Tipps für den Aufenthalt mit auf den Weg. So ist das Leben in Rumänien. Institutionen fangen jetzt erst an, sich als Gebilde im Dienst des Bürgers zu begreifen. Trotzdem ist man

Über hundert individuelle Gesichter: Die Fresken des Suceviţa-Klosters erstrahlen seit 1601

nicht verloren, denn der persönliche Kontakt rettet im Prinzip alles. »Ein trauriges Land voller Humor« – dieser Satz eines rumänischen Schriftstellers wurde zum geflügelten Wort, das die mit Selbstironie gesegneten Rumänen immer wieder gerne zitieren.

Rumänien liegt dort, wo die Vorstellungswelt des Westbürgers aufhört über das, was zu Europa gehören könnte – und zwar sowohl geografisch als auch politisch und geistig. Eingekeilt zwischen dem krisengeschüttelten Serbien im Südwesten, der Ukraine im Norden und dem immerhin klar mitteleuropäischen Ungarn im Westen, im Osten vom Schwarzen Meer umspült, kuschelt sich das Land um den Karpatenbogen herum und in sein In-

Geschichtstabelle

2000 v. Chr.–7. Jh. n. Chr.
Daker und Geten; erste griechische
Siedlungen; 106 römische Provinz;
Goten, Hunnen, Slawen, Awaren,
Ungarn, Petschenegen, Tataren
durchziehen und unterwerfen
teilweise das Land

7.–10. Jh. Erste Fürstentümer
in der Moldau und der Walachei

1150 König Geza II. von Ungarn
holt deutsche Siedler sowie den
Deutschen Ritterorden ins Land

15.–16. Jh. Türkische Herrschaft
über Moldau, Walachei und
Transsilvanien

1593–1601 Michael der Tapfere
erobert Siebenbürgen und Moldau;
er einigt die drei Fürstentümer
für ein Jahr

1688–1755 Siebenbürgen und
Bukowina kommen zu Österreich-
Ungarn

1859 Fürst Alexandru Ioan Cuza
vereinigt Moldau und Walachei

1877–1881 Staatliche Unabhängigkeit; Karl von Hohenzollern-
Sigmaringen wird König Carol I.

1914–1918 Im Ersten Weltkrieg
zunächst neutral, kämpft Rumä-
nien seit 1916 auf der Seite
Russlands gegen Österreich.
Nach der Volksversammlung in
Alba Iulia bekommt es 1918
Siebenbürgen zugesprochen

1940 Militärdiktatur von
Marschall Ion Antonescu;
Pakt mit Hitler-Deutschland

1944 Antonescu und seine
Regierung werden von König
Mihai und einer Koalition von
Liberalen, Nationalisten,
Sozialisten und Kommunisten
gestürzt; Rumänien tritt in den
Krieg gegen Deutschland ein

1947 Die Volksrepublik wird
ausgerufen, der König geht
ins Exil

1948 Kommunisten und
Sozialdemokraten vereinigen
sich zur Kommunistischen
Rumänischen Arbeiterpartei,
die das Land regiert

1965 Nach dem Tod von
Gheorghe Gheorghiu-Dej wird
Nicolae Ceauşescu General-
sekretär und Staatschef

1989 Dezemberrevolution.
Ceauşescu und seine Frau Elena
werden zum Tode verurteilt und
sofort erschossen, die Macht
ergreifen Reformkommunisten
unter Ion Iliescu

1996 Der Christdemokrat
Emil Constantinescu gewinnt
die Wahlen, die sozialistische
Regierung tritt ab

2000 Der gewendete Exkommu-
nist Ion Iliescu gewinnt die Wahlen
und löst die bürgerliche Koalition ab

Bâlea Lac. Gute Abfahrten im schneesicheren Skigebiet der Südkarpaten

neres hinein. Ein schönes Land, das sonst in der Welt vor allem durch Berichte über den Terror des 1989 gestürzten Diktators Nicolae Ceauşescu aufgefallen ist, über verhungernde Waisenkinder, Korruption und wirtschaftliche Misere. Dies ist die leider wahre eine Seite der Medaille, doch die andere gibt es auch: die herzlichen, offenen Menschen, die großteils unberührte Natur in der lieblichen Bergwelt – wenn auch mitunter durch Industriewracks und Plattenbauten verschandelt –, die geheimnisvollen Höhlen in den Karpaten, die mittelalterlichen Baudenkmäler in Siebenbürgen und in der Moldau, die fabelhafte, einzigartige Flora und Fauna des Donaudeltas, die authentische Folklore in den Dörfern und die Strände am Schwarzen

» *Geheimnisvolle Höhlen, unberührte Urwälder* «

Meer. Von den insgesamt 245 km Schwarzmeerküste werden vor allem die 40 km zwischen Constanţa und Vama Veche pauschaltouristisch genutzt. Dieser Abschnitt wirkt wie eine einzige Freiluftparty: ein Hotelkasten neben dem anderen, eine Kneipe neben der anderen. Wer es laut und feuchtfröhlich mag, kommt hier auf seine Kosten.

Die Regierung bemüht sich, die Instandsetzung der zum Teil heruntergekommenen Hotels durch Privatisierung zu fördern. Erfolge sind sichtbar: Nach fast zwei Jahrzehnten Pause haben Tourismusunternehmen begonnen, die Schwarzmeerküste wieder anzubieten.

Wer Neugier, etwas Abenteuerlust und Kommunikationsfreude mitbringt, vermag im Karpatenland eine Menge zu entdecken, wenn er es auf eigene Faust erkundet. Vor allem in den Dörfern und Tälern tut sich eine Vielfalt an Sitten und Bräuchen auf, beeinflusst von Orient, Okzident und aus den Tiefen der heidnischen Vorgeschichte. Ausführliche Tipps für Rucksacktouristen und sonstige Abenteurer bietet die Website *www.karpatenwilli.de*.

Rumänien ist nicht mehr ganz so abenteuerlich wie noch vor zehn Jahren. Die Versorgung mit Benzin stellt mittlerweile kein Problem mehr dar, und der Zustand der Landstraßen hat sich deutlich gebessert – was aber nicht heißt, dass nirgendwo mehr ein Schlagloch anzutreffen wäre. Nicht nur deshalb sollten sich Autofahrer auf den verführerisch ebenen Straßen nicht zum Rasen verleiten lassen. Die Gebirgsserpentinen und die Fernstraßen werden immer noch auch von Fußgängern und unbeleuchteten Pferdewagen benutzt. Es kann leicht passieren, dass hinter einer Kurve plötzlich ein Pferd oder eine Kuh quer auf der Straße steht.

Der Zugverkehr hat sich nicht entscheidend gebessert. Zuverlässige und einigermaßen schnelle Verbindungen gibt es nur zwischen den größeren Städten. Der Nahverkehr aber ist eine Katastrophe. Kurze Wege in Kleinstädte und Dörfer dauern mit dem Zug aus unerfindlichen Gründen eine Ewigkeit, weshalb die meisten Pendler diese Strecken per Anhalter zurücklegen.

Langsam und leise sind vor allem in Siebenbürgen und in der Bukowina blitzsaubere private Pensionen entstanden, ein Netz von Privatquartieren bei Bauern hat sich entwickelt. Man ist auf die Tristesse realsozialistischer Hotels nicht mehr angewiesen. Doch muss man die gemütlichen, zivilisierten Herbergen gezielt suchen. Aufs Geratewohl riskieren Reisende, in einem lauten Etablissement von zweifelhafter Hygiene zu landen.

Was Fremde in Rumänien immer wieder verblüfft, ist das scheinbar unglaubliche Nebeneinander von Dingen und Zuständen, die nicht zusammenpassen. Auf dem Land stehen bittere Armut, Aberglaube und Analphabetismus neben dem Neureichtum der jüngeren Generation, die es dank Gastarbeiter-Aufenthalten im westlichen Ausland zum Einfamilienhaus und Auto gebracht hat. In Bukarest swingt die aufstrebende Jugend zwischen Handy und Internet, daneben aber stehen Horden von Bettlern. Es gibt Kinder, die auf der Straße leben, aber per E-Mail kommunizieren. Es gibt Bewohner in Plattenbauvierteln, die auf offener Straße ihre Hühner, Lämmer und Schweine schlachten.

Alle Regierungen Rumäniens seit dem Fall des Kommunismus haben versprochen, dem Land zum Anschluss an Westeuropa zu verhelfen. Dies ist der historische Traum eines Volkes, das stets zwischen den Imperien und Machtblöcken in einer Grauzone lag und eine Ausnahmestellung hatte. Umgeben von slawischen Völkern, ist Rumänien eine romanische Sprachinsel, entstanden durch die Verschmelzung des Urvolks der Daker mit den Römern, die das Land un-

> **Ein unglaubliches Nebeneinander von Dingen und Zuständen**

ter Kaiser Trajan 106 n. Chr. besetzten. Jahrhundertelang waren die rumänischen Fürstentümer Spielball der wechselnden Kräfteverhältnisse zwischen Österreich-Ungarn, Russland und der Türkei. Während des Kommunismus geriet Rumänien unter Ceauşescu erneut in eine Sondersituation, weil der Diktator nach Unabhängigkeit von Moskau strebte und das Land in die außenpolitische Isolation trieb. Nach Ceauşescus Sturz durch einen blutigen Volksaufstand im Dezember 1989 kamen nur mäßig gewendete Kommunisten unter Präsident Ion Iliescu an die Macht. Die westlichen Regierungen hofften, dass Rumäniens Regierung dazugelernt hat, und nahmen mit Bukarest Verhandlungen über einen Beitritt in die Europäische Union auf. Rumänien in Nato und EU – so mancher Traditionalist befürchtet, dass das Land unter dem Druck der Verwestlichung und Globalisierung seinen authentischen Charme verliert. Es dürfte eine der wenigen Befürchtungen sein, die sich so bald nicht erfüllen wird.

Offene Menschen voller Selbstironie

Vielleicht ist es sogar ein Vorteil, dass Rumänien wegen unzureichender Infrastruktur noch nicht vom Massentourismus überrannt wurde. So können Reisende das normale Leben im Karpatenland in unverfälschter Form kennen lernen: beim Schlendern durch die verträumten mittelalterlichen Städte in Siebenbürgen, bei Touren zu den wunderschönen Moldau-Klöstern und natürlich auch inmitten der am Schwarzen Meer sonnenbadenden Rumänen.

Schässburgs mittelalterlicher Kern steht unter Denkmalschutz

Von Brâncuși bis Wirtschaft

Reisen voller Abenteuer durch viele Kulturen und Landschaften

Constantin Brâncuși

Der Künstler Constantin Brâncuși (1876–1957) gilt als der bedeutendste Bildhauer Rumäniens. Brâncuși lebte seit 1904 in Paris. Er wurde durch seine abstrakten Arbeiten berühmt. Seine Tierskulpturen beeinflussten die moderne Bildhauerei erheblich.

Conducător

Es war der bescheidenste Titel (»Lenker«), den sich das rumänische Staatsoberhaupt Nicolae Ceaușescu zugelegt hatte. Der kleinwüchsige ehemalige Schuster ließ sich auf dem Höhepunkt seines Größenwahns gerne auch mit »Titan der Titanen« oder ganz schlicht »Genie der Karpaten« betiteln. Ceaușescu kam 1965 nach dem Tod des national-stalinistischen Führers Gheorghiu-Dej an die Macht. Innerhalb des stalinistischen Gefüges leitete er sehr bald einen außenpolitischen Emanzipationskurs gegenüber Moskau ein, der in den ersten Jahren von einer relativ liberalen Innenpolitik begleitet wurde. 1968 weigerte sich Ceaușescu öffentlich,

Viele Türme, dicke Mauern: Die Törzburg (Castelul Bran) gilt als Draculas Schloss

am Einmarsch in die ČSSR teilzunehmen. 1980 kritisierte er den Einfall der UdSSR in Afghanistan. Dies machte ihn zum kommunistischen »Darling« des Westens.

Bereits ab 1971 war die interne Tauwetterperiode zu Ende, und es folgte ein restriktiver nationalkommunistischer Kurs. Ceaușescu baute die Geheimpolizei Securitate zu seiner Privatarmee aus, Systemkritiker verschwanden in Irrenhäusern oder wurden liquidiert. Die Wirtschaft brach zusammen. Ceaușescu ließ in Bukarest sein monströses Regierungsviertel errichten, doch das Volk darbte: Die Dezemberrevolution 1989 fegte den Conducător von der politischen Bühne. Am 25. des Monats wurde Ceaușescu zusammen mit seiner Frau in einem geheimen, international kritisierten Schnellverfahren in Târgoviste zum Tode verurteilt und eine halbe Stunde später erschossen.

Mihai Eminescu

Der Lyriker und Prosaschriftsteller (1850–1889) gilt als der größte Dichter Rumäniens. Er wurde mit seinen stark an der Volksdichtung orientierten Versen *(Poezii)* wegweisend für die rumänische Literatur. Als politischer Essayist vertrat er jedoch nationalistische, auch antisemitische Positionen.

George Enescu
International der renommierteste rumänische Komponist (1881 bis 1955). Seine Werke sind von Elementen der Volksmusik beeinflusst.

Erdbeben und Vulkanismus
Rumänien ist eine erdbebengefährdete Region. Besonders am Karpatenbogen misst man immer wieder Erdstöße. 1977 wurden bei einem Beben in Bukarest und Umgebung weit über 1500 Menschen getötet.

Die rumänische Spielart von Vulkanismus heißt *Vulcanii Noroioşi*. Nordwestlich von Buzău liegt auf knapp 1 km^2 ein eigenartiges Reservat von aus dem Erdinnern gespeisten Schlammvulkanen.

Fauna und Flora
Rumänien hat mit seinem Bergland und dem Donaudelta zwei in Europa einmalige Naturparadiese, obwohl auch sie durch eine wachsende Umweltverschmutzung bedroht sind. In den Karpaten leben noch Wölfe, Luchse, Wildkatzen, Gämsen, Steinadler, Edelmarder, Wildschweine, Hirsche, Rehe und Wildschafe (Mufflons). Groß ist die Anzahl der Braunbären. Bisweilen kommen sie bis an die Dörfer und Städte heran und plündern die Abfallhaufen. Es gibt jedes Jahr Zwischenfälle mit den Raubtieren, die an und für sich scheu sind und nur unvorsichtige, sie provozierende Menschen anfallen. Das Donaudelta ist eine weit verzweigte Sumpf- und Wasserlandschaft, in der die letzten Pelikane Europas brüten. Aber auch Wölfe, Fischotter, Seeadler, Kolkraben und vor allem der für diese Landschaft typische Marderhund jagen in diesem Gebiet. Der Fischreichtum ist legendär. Selbst der arg dezimierte Bestand von Stören erholt sich all-

In Rumäniens Vulkanen blubbern Schlammmassen aus dem Erdinnern

mählich. An der Schwarzmeerküste kommt eine kleinere Delphinart vor, die schon die Römer beschrieben. Über ein Viertel des Landes ist mit Laub- und Nadelwäldern bedeckt. Dabei sind die dunklen Tannenurwälder der Karpaten besonders beeindruckend. Die im Sommer sehr warmen Feuchtgebiete des Donaudeltas besitzen eine üppige Vegetation. Im Süden des Landes reifen Feigen und Oliven. An den Hängen der Karpatenausläufer wird traditionell Wein und Obst gepflanzt. Die Ebenen Rumäniens werden überwiegend für den Getreideanbau genutzt.

Hochzeit

Samstags ist in Rumänien Hochzeitstag. Man sieht die Festlichkeiten überall – in Stadt und Land. Und wer in eine solche Gesellschaft hineingerät, muss mitfeiern, mittanzen und mittrinken.

Eugène Ionesco

Der im Westen bekannteste rumänische Bühnenautor (1909–1994), der später in Paris lebte, gilt als einer der klassischen Vertreter des französischen Antitheaters. Seine Stücke sind dramatische Grotesken, in denen die Figuren zur Karikatur oder zum Popanz deformiert werden.

Minderheiten

Rumänien hat rund 23,5 Mio. Einwohner. Die größten Minderheiten sind Roma und Ungarn – beide Gruppen nähern sich der 2-Mio.-Marke. Genaue Zahlen sind nicht bekannt, weil die statistischen Quellen politisch beeinflusst sind. Von der starken deutschen Minderheit – 1930 wurden 800 000 Deutsche im Banat und in Siebenbürgen

gezählt – blieben nur wenige im Land. Im Osten leben etwa 80 000 Türken. Die ehemals starke jüdische Bevölkerung wurde während des Krieges entweder deportiert und umgebracht, oder sie wanderte nach 1945 aus. Ferner leben in Rumänien noch Serben, Kroaten, Ukrainer, Slowaken, Polen, Tataren, Bulgaren, Griechen und Armenier.

Quellen

Die angenehmsten zischen im Kurbad Băile Felix (bei Oradea) aus der Erde: Ihr Wasser ist zwischen 30 und 40 Grad warm, und man kann sich das ganze Jahr über – also auch im bitterkalten rumänischen Winter – im Freibad von Felix suhlen.

Revolution

Die rumänische Dezemberrevolution von 1989 war dramatischer und sicher auch blutiger als im Westen allgemein bekannt. Die schlechte Versorgungslage sowie eine jahrzehntelange Bespitzelung hatten im Frühjahr 1989 eine gärende Situation geschaffen. Hinzu kam die Ankündigung Ceauşescus, seine monströse »Landreform« durchzuführen und über die Hälfte der rumänischen Dörfer dem Erdboden gleichzumachen. Besonders rumorte es in den Landesteilen mit ungarischer Bevölkerung wie in Timişoara (Temeswar). Dort entstand eine Protestbewegung um den kalvinistischen Pastor Laszlo Tökes, der wegen seines Widerstands gegen das Dorfzerstörungsprogramm von der Securitate verfolgt wurde. Zahlreiche Demonstranten versammelten sich vor seiner Kirche. Plötzlich Schreie: »Wir wollen Freiheit! Wir wollen Brot!« Rufe: »Jos Ceauşescu!« Nieder mit Ceauşescu! Dann fielen die ersten Schüsse. Securitate-Leute feuerten einfach in die Menge. Die Toten wurden abtransportiert und heimlich begraben.

Die Revolution erfasste schnell alle Landesteile und größeren Städte. Schließlich wurde das Ehepaar Ceauşescu verhaftet, verurteilt und sofort hingerichtet. Diejenigen, die nach Ceauşescu die Macht übernahmen, sagen, dies habe weiteres Blutvergießen verhindert.

Sinti und Roma

Die mitteleuropäischen Sinti betrachten das Wort »Zigeuner« als diskriminierend. Ähnlich sehen es auch die osteuropäischen Roma, obwohl sich einige von ihnen selbst als Zigeuner bezeichnen.

Die ersten, aus Indien kommenden Einwanderer tauchten bereits im 15. Jh. im Gebiet des heutigen Rumäniens auf. Sie lebten dort meist als Leibeigene.

1941/42 ließ der Diktator und Hitler-Verbündete Antonescu Tau-sende von Roma deportieren und ermorden. Auch das kommunistische Nachkriegsregime diskriminierte die Roma. Manches hat sich geändert: Heute haben sie einen eigenen Sitz im Parlament und bewegen sich ungezwungener im Land. Dennoch, das Zusammenleben ist nicht frei von Problemen. Das unkonventionelle Auftreten vieler Roma und die durch jahrhundertealte Tradition verwurzelten Vorurteile vieler Rumänen führen dazu, dass Angehörige dieser Volksgruppe noch immer zu Sündenböcken für Frustrationen gemacht werden.

Manche Roma haben es allerdings inzwischen zu Wohlstand gebracht. Deutlich sichtbar ist dies an ihrem typischen Baustil, der erst während der letzten Jahre entstanden ist: Riesige Marmorpaläste mit Säulen und indisch anmutenden Türmchen mit nach oben geschwungenen, pagodenartigen Dächern sind immer öfter zu sehen.

Draculamythos

Einzelne Aspekte des Draculamythos sind dem rumänischen Volksglauben nicht ganz fremd

Es gibt Volksballaden, in denen ein so genannter »Flieger« vorkommt, der nachts zu den jungen Mädchen durchs Fenster schwirrt und diese im Schlaf küsst. Doch ist der »Flieger« kein Schreckgespenst, und er saugt auch kein Blut. Er ist ein schöner Jüngling aus einer anderen Welt, nach dem sich die Jungfrauen sehnen. Vages Vorbild für den Vampir aus Bram Stokers Roman waren wohl zwei mittelalterliche rumänische Fürsten. Vlad Dracul und sein Sohn, Vlad Ţepeş, dessen Beiname »der Pfähler« bedeutet. Er ließ seine Kriegsgefangenen und politischen Gegner, auch Diebe und Mörder, bei lebendigem Leib aufspießen. Deswegen gilt er autoritär denkenden Rumänen als politisches Vorbild.

Sinti und Roma sind in Rumänien verwurzelten Vorurteilen ausgesetzt

Straßenkinder

Sie sind überall als kleine, zerlumpte, bettelnde Gestalten zu sehen, sie leben auf der Straße oder in Kanälen. Die rumänischen Straßenkinder sind eine Hinterlassenschaft des kommunistischen Regimes und der heutigen Armut. Diktator Ceauşescu hatte Empfängnisverhütung und Abtreibung verboten. Er wollte über ein großes Volk regieren. So kamen eine Menge unerwünschter Kinder auf die Welt, von denen viele damals in extra neu gebauten Heimen untergebracht wurden. Nicht wenige liefen weg und versteckten sich in der Kanalisation, vor allem in der Großstadt Bukarest. Inzwischen hat sich die Situation in den Kinderheimen dank westlicher Hilfe und westlichen Drucks etwas gebessert. Aber es wachsen immer neue Straßenkinder nach. Ein Grund ist, dass die Kanalkinder aus der Ceauşescu-Zeit erwachsen geworden sind und selbst Kinder bekommen. Zum anderen ist die allgemeine Aufklärung über Empfängnisverhütung noch immer unzureichend.

Wirtschaft

Rumänien ist ökonomisch eines der schwächsten europäischen Länder. Die derzeitige Regierung versucht mit der Einführung marktwirtschaftlicher Strukturen der Lage Herr zu werden. Die reichen Erdöl- und Erdgasvorkommen können mit den veralteten technischen Anlagen aber nicht entsprechend gefördert werden.

Herzhafte Bauernküche und Zwetschgenschnaps

Als Gast einer Familie lernt man die Genüsse rumänischer Kochtöpfe am besten kennen – aber auch gute Restaurants werden zahlreicher

Zu Gast bei Nuţi. Die freundliche Rumänin hatte sich vorbereitet, der Tisch in der winzigen Küche ihrer Plattenbauwohnung bog sich: ein Festmahl, ungleich besser als alles, was zuvor in Restaurants gereicht wurde. Es war die unverfälschte Küche Rumäniens, mit all den Einflüssen der Ungarn, Österreicher, Slawen, Türken und der Griechen.

Die meisten Rumänen können es sich nicht leisten, mit ihrer Familie in ein Restaurant zu gehen. Die sind zwar für Westeuropäer sehr billig, kosten jedoch die Einheimischen weit über 10 Prozent ihres Einkommens, wenn sie nur ein dreigängiges Menü bestellen. Zu Hause ist es nicht nur billiger, es schmeckt auch noch viel besser. Gleichwohl gibt es gute Restaurants, und es werden immer mehr.

Vieles wird aus Not, zuweilen auch aus Vergnügen selbst gemacht: Marmelade, eingelegtes Gemüse

Herzhafte Käserollen – in der unverfälschten Küche Rumäniens wird fast alles selbst gemacht

und Obst. Fast jeder hat Verwandte auf dem Land, die ihn mit frischen Eiern, Schmalz, Butter und Käse beliefern, mit Obst und Gemüse oder mit selbst gemachten »Schweinereien« wie Presskopf, Hartwürsten, Speckseiten, Koteletts und Haxen. Viele halten in ihren Hinterhofgärten ein Schwein, Kaninchen oder Hühner. Sogar Obstschnaps wird noch selbst gebrannt, Wein selbst gekeltert.

Rumänien ist ein Agrarland. Die Tomaten, Gurken, Paprika, Kürbisse, Melonen, Auberginen und Zwiebeln schmecken noch, wie sie sollten – für manchen Mitteleuropäer ein Erlebnis. Das Vieh wird auf Weiden gemästet, das Geflügel kennt kaum Legebatterien, sondern Dorfstraßen und Weiher, die Schafe gedeihen auf der Alm, die Fische in natürlichen Gewässern.

Die Rumänen kochen herzhaft, nicht raffiniert; eine Bauernküche im besten Sinne des Wortes. So tischte auch die gastfreundliche Nuţi auf. Zunächst kalte Vorspeisen: frisches Weizenbrot, rote Zwiebeln, Gurken, Radieschen, frische

Rumänische Spezialitäten

Lassen Sie sich diese Köstlichkeiten gut schmecken!

Ardei copţi – gebackene Paprika-schoten in Vinaigrette, Vorspeise

Caşcaval pané – panierter Käse, in der Pfanne gebraten, mit Bratkartoffeln als Beilage, Standardangebot in rumänischen Restaurants

Ciorbă de burtă – ins saure gehende Kuttelsuppe, wird mit Sahne gegessen, dazu beißt man in eine frische, grüne Pepperoni

Clătite – Pfannkuchen oder Palatschinken nach österreichischer Art, mit Marmelade oder mit Schokoladensauce gefüllt

Cozonac – leicht gesüßter weicher Hefekuchen mit Rosinen

Drob de miel – pikante Pastete aus Lamminnereien, wird nur zu Ostern zubereitet, ist aber dann auch in Restaurants zu haben

Fasole bătută – pikanter Brei aus weißen Bohnen, Vorspeise

Fudulii – gebratene Schweine-hoden, bekommt man nur in einigen Restaurants

Ghiveci – pikanter Gemüseeintopf auf der Basis von Auberginen

Icre – Karpfenkaviar, mit Öl und klein gehackten Zwiebeln angerührt

Mămăliga – Maisbrei, Beilage zu Fleischgerichten

Mititei oder Mici – knoblauch-haltige, scharf gewürzte Hack-fleischröllchen, gegrillt

Musaca – überbackener Auber-ginenauflauf mit Hackfleisch

Papanaşi – warme Quark-Mehl-Krapfen mit Sahne übergossen und mit Beerenmarmelade gekrönt

Pastramă – luftgetrockneter Schaf- und Rinderschinken

Salată de vinete – pikanter Brei aus im Ofen gebackenen Auberginen, Vorspeise

Sarailie und Baclava – Blätterteigkuchen mit Nussfüllung, durchtränkt mit Honigsirup

Sarmale – Krautwickel mit Reis-Hackfleisch-Füllung in Sauce, mit saurer Sahne übergossen

Tochitură moldovenească – in der Pfanne gebratene Schweinefleischstücke in scharfer Pfeffersauce, dazu *mămăliga*

Ţuică – scharfer Pflaumenschnaps, der vor dem Essen die Kehle her-untergestürzt wird; am besten ist der aus der Maramureş

Paprika, eingelegte Paprika und Pe-
peroni, selbst gemachte Aubergi-
nenpaste als Brotaufstrich, sauer
eingelegte grüne Tomaten,
Pastramă, Hermannstädter Salami
(salam de Sibiu), *ikre*, Heringsro-
gen, frischen Schafskäse, gebratene
Hühnerschlegel. Vor dem Essen
schon stießen wir mit Nuţi an, mit
ţuică, einem selbst gebrannten
Zwetschgenschnaps, der das ganze
Mahl begleitete: ein Lebenselixier,
sagen die einen – die anderen werden nicht ernst genommen.

Fast so wichtig wie der Schnaps
sind für das Wohlbefinden des Rumänen die Suppen. Zu einem or-
dentlichen Mahl gehört eine *ciorba*
– eine Suppe mit Gemüse, Fleisch
oder beidem, gesäuert mit *bors*
(Saft von gegorener Gerste).

Rumänien ist Fischland. Grund
dafür ist nicht allein die Schwarzmeerküste, denn es gibt eine unge-
wöhnliche Artenvielfalt an Süßwas-
serfischen. Das gilt vor allem für das
riesige Donaudelta, aber auch für
die zahlreichen Flüsse und Seen im
Landesinnern. Forellen, Äschen,
Hechte, Schleie, Waller (Welse),
Karpfen, Aale, Neunaugen, Bar-
sche, Zander, Dorsche, in Ausnah-
mefällen auch Störe finden sich da
auf den Speiseplänen, wo ein grö-
ßeres Gewässer in der Nähe ist –
gesotten, gebraten, paniert, aber
auch in Aspik zubereitet.

Bei den Süßspeisen merkt man
schon deutlich die Nähe zum
Orient. Besonders beliebt: die *baclava* und *sarailie*. Unbedingt kosten sollten Sie, wenn die ersten
zwei Gänge nicht zu üppig waren,
die *papanaşi* (Papanasch): eine
köstliche Kalorienbombe.

Frühstück und Mittagessen werden zu den normalen europäischen

Zeiten eingenommen, beim Abend-
essen wird's romanisch. Es beginnt
meist nach 20 Uhr, eher noch später, wie in Spanien, Italien und
Frankreich.

Natürlich wird auch in Rumänien Wein von Winzern angebaut
und mitunter sehr guter: z. B. der
trockene *Târnave*-Riesling (Kokelta-
ler) aus Siebenbürgen oder *Jidvei*
(Seiden), ebenfalls ein Siebenbürger. In der Dobrudscha gedeiht die
Murfatlar-Traube, aus der meist ein
halbtrockener Wein gekeltert wird,
der, gut gekühlt, hervorragend zu
Fischgerichten passt. Die *Fetească*
(Mädchentraube) und *Cotnari* werden in der Moldau angebaut, *Gorj*
und *Dolj* in der Oltenia. Grundsätzlich bevorzugen die Rumänen die
halbtrockenen bis lieblichen Weine;
die trockenen *(sec)* sind preiswert.
Das Gleiche gilt für Rotweine. Wer
sie trocken möchte, sollte am besten Cabernet oder Merlot verlan-
gen.

Empfehlenswert sind nicht nur
die Obstschnäpse (aus Pflaumen,
Treber, Birnen, Apfel oder Pfirsich),
sondern auch die rumänischen
Cognacs, die ein wenig an die griechischen Weinbrände erinnern.
Bier ist Geschmackssache. Für
Mitteleuropäer empfehlenswert ist
die Marke »Star«, die allerdings
nicht überall zu haben ist. Trinken
kann man auch »Hopfen«, »Bergen« und »Silva«. Das Mineralwasser ist durchweg von guter Qualität,
die Karpatenquellen sind berühmt.

Beim Kaffee hat sich in den Restaurants leider die Unsitte verbreitet,
Instantkaffee zu servieren. Man bekommt aber auch den ausgezeichne-
ten türkischen Mokka, wenn man
ihn ausdrücklich verlangt. Er run-
dete auch Nuţis Mahl glänzend ab.

Wo Märkte und Basare locken

Bauern bieten unter freiem Himmel ihre Produkte an: Früchte, Gemüse, Käse, Tischdecken oder Keramik

Rumänien ist für westliche Touristen natürlich (noch) kein Einkaufsparadies. Die Preise sind günstig – allerdings nur für Urlauber und nicht für die Einheimischen. Das Angebot ist im Vergleich mit mitteleuropäischen Staaten nicht groß. Dennoch macht ein Geschäftebummel in einer rumänischen Stadt Spaß. Die meisten Läden sind wie Basare. Sie bieten einfach alles an: von der Trockenhaube bis zur Stange Zigaretten, vom Wintermantel bis zum Likör. Die Leute drängeln durch die Geschäfte, kaufen aber nichts, weil sie es sich einfach nicht leisten können.

Wahre Einkaufsparadiese sind die Wochenmärkte. Die Bauern reisen von weit her, um die Früchte des Feldes, aber auch Körbe, Holzlöffel oder Besen anzubieten. Bisweilen werden in den ungarischen Dörfern Westsiebenbürgens oder an den Klöstern der Moldau und beim Schloss Bran (bei Brașov) reizvoll bestickte Tischdecken, Wandteppiche, Hemden, Blusen und Pullover angeboten. In der Nähe der Kurstadt Sovata in den Ostkarpaten verkaufen die Dorfbewohner einfa-

Sticken, nähen, weben, stricken: Handarbeiten von Jung und Alt

che Keramikwaren, aber auch Weidenkörbe und praktische Fußmatten, aus Maisblättern in Heimarbeit hergestellt.

In Bukarest, vor allem aber in den größeren siebenbürgischen Städten gibt es Buchhandlungen mit alten Werken, auch in deutscher Sprache. Beim Einkauf in diesen »Anticariat«-Läden sollten freilich die strengen Zollbestimmungen berücksichtigt werden. Das Gleiche gilt für Antiquitätengeschäfte, die Ikonen, Silberbestecke, Bilder, Kleinmöbel, Teppiche und Porzellan anbieten. Diese Artikel dürfen nur mit Sondergenehmigung ausgeführt werden.

Ein Tipp für Freunde der rumänischen Volksmusik: Schallplatten und Kassetten sind in den »Musica«-Läden wesentlich preiswerter als in westlichen Ländern. Die Auswahl ist teilweise riesengroß. Fast jeder Markt oder Basar hat einen Stand mit Folklorekassetten, die man sich vor einem Kauf auch anhören darf.

Die authentische Volksmusik, die der Tarafs (häufig Roma mit Geige und Hackbrett), finden Sie eigentlich nur im Souvenirladen des Bukarester Museums des Rumänischen Bauern.

Insider Tipp

Feste, Events und mehr

Rumänen feiern am liebsten und am intensivsten die religiösen Feste

Das rumänisch-orthodoxe Osterfest, in der Regel eine Woche nach den katholisch-protestantischen Ostertagen, ist das wichtigste religiöse Fest und interessant für

Hochzeitsgesellschaft

Reisende, die Folkore in voller Pracht erleben wollen.
Nach dem Fall des Kommunismus erinnern sich die Menschen fast jedes Jahr an einen weiteren, vergessenen Heiligen, der gefeiert werden muss, oder an einen alten Brauch aus der Vorkriegszeit, den es zu beleben gilt.

Gesetzliche Feiertage
1. und 2. Januar *Neujahr;* **Ostern: 27. April 2003, 11. April 2004**; **1. Mai** *Tag der Arbeit;* **1. Dezember** *Nationalfeiertag;* **25./26. Dezember** *Weihnachten*

Feste und Veranstaltungen
Dezember/Januar
31. Dezember/1. Januar: Gruppen von Kindern und Jugendlichen ziehen von Haus zu Haus, singen ein Weihnachtslied oder sagen Neujahrsverse auf und erwarten eine kleine Geldspende.

März/April
Insider Tipp *Jazzfestival* in Sibiu (Hermannstadt)

April
3. Sonntag: Hirtenfest in Rășinari bei Sibiu

Mai/Juni
Jazzfestival Napocensis in Cluj-Napoka (Klausenburg)
Insider Tipp *Bookarest* in Bukarest – einwöchige *Buchmesse* im 3. und 4. Stock des Nationaltheaters – eine der wichtigsten Gelegenheiten, um in die Literaturszene zu sehen und von ihr gesehen zu werden. Auf der Nationaltheater-Terrasse »La

Motoare« sitzen die Dichter, Denker und Kritiker zusammen, sprechen mit- und vor allem übereinander. *Bauern-Handwerksmesse* im Bukarester Dorfmuseum – Volkskünstler aus dem ganzen Land zeigen ihre Wollteppiche, Töpfereien und Webarbeiten. Zum Teil auch Verkauf.

Juli

Alt-Bukarest-Festival: Straßenfest zur Erinnerung an die Atmosphäre der Hauptstadt im 19. Jh., mit Kostümumzügen, Kutschfahrten, Straßenmusik und Straßentheater
Mädchenmarkt am Găina-Berg im Kreis Alba. Früher ein richtiger Markt, der von den jungen Leuten aus den entlegenen Gebirgsdörfern als Gelegenheit genutzt wurde, Heiratswillige zu treffen. Heute noch ist es ein Treffpunkt für junge Leute, mit Rockkonzerten und Folklore – und zunehmend für Rucksacktouristen aus dem Ausland, die dort die Nacht im Zelt verbringen und kräftig feiern.

August

Hora de la Prislop: Trachtengruppen aus allen Teilen Rumäniens treffen sich und tanzen die Hora (eine Art Reigen) auf dem Karpaten-Pass Prislop
🏃 *Festival der mittelalterlichen Kunst* in Sighişoara (Schässburg), mit Straßenmusik, Gauklern und Straßentheater (darunter eine simulierte Hexenverbrennung). Das Publikum ist jung und vergnügungsfreudig.

15. August (Mariä Himmelfahrt): In fast allen Klöstern ist großer Wallfahrtstag – wieder eine Gelegenheit, Folklore, Sitten und Bräuche zu beobachten. *Schlagerfestival* in Mamaia am Schwarzen Meer – gesucht wird das beste Lied Rumäniens.

September

1. Sonntag: Töpfermarkt in Sibiu (Hermannstadt)
Zigeunerwallfahrt Sântă Mărie Mică zum Kloster Bistriţa bei Costeşti

Oktober

Enescu-Festival in Bukarest, ein internationaler Wettbewerb für klassische Musik (findet nur alle drei Jahre statt, das nächste Mal 2003)
26. Oktober: Tag des heiligen Dumitru – spektakuläre Prozession um die Reliquien des Schutzpatrons der Hauptstadt. Sie werden nur an diesem Tag aus der Patriarchenkathedrale in Bukarest herausgetragen und von Menschenmassen entsprechend bewundert.

Verehrung der Heiligen

Siebenbürgen, Banat und Westkarpaten

Fruchtbares Ackerland, einsame Berge und viel lebendige Geschichte

Transsilvanien ruft bei Fremden verwirrende Assoziationen hervor: Man denkt an einsame Bergtäler, in Eis und Schnee erstarrt, hört Wölfe heulen, und im bleichen Licht des Vollmonds schwingt sich ein riesiger Vampir von den Zinnen einer schroffen Felsenburg. Das Land der Bären und Draculas, wo die Menschen unter Knoblauchzöpfen schlafen, viel Speck und Schnaps verzehren und uralt werden – fern wie eine Filmkulisse.

In Wahrheit aber sieht das Land völlig anders aus. Viel normaler und viel verrückter – je nach Sichtweise. Eines aber stimmt: Es ist das Land jenseits der Wälder; das ist zumindest die korrekte Übersetzung von Transsilvanien. »Erdély«, sagten die Ungarn, »Waldland«, seit sie 1104 unter ihrem König Stephan dem Heiligen das von Dakern besiedelte Gebiet eroberten. Sie holten ab dem 12. Jh. deutsche Siedler von Rhein und Mosel sowie den Deutschen Ritterorden. Die »Sachsen« bauten solide Städte nach

Braunbären in den Karpaten

deutschem Vorbild, befestigten sie (denn aufs Zäune- und Mauernziehen verstanden sich die Deutschen seit je) und gaben dem Land einen neuen Namen: Siebenbürgen. Genannt nach den sieben, eigentlich illegal gebauten Burgen in Hermannstadt, Mühlbach, Broos, Reußmarkt, Leschkirch, Schenk und Reps.

Transsilvanien oder Siebenbürgen – beide Namen werden dem Land gerecht. Es liegt in der Tat hinter den Wäldern umschlossen vom Karpatenbogen. Ein reiches Land, voller Naturschönheiten, aber auch voller zerstörerischer Verrücktheiten, die nur der Mensch sich antun kann. Als architektoni-

Schässburgs berühmte Uhr zeigt mit Figuren den Wochentag an

sche Kuriosität sind die verträumten mittelalterlichen Kirchenburgen übrig geblieben. In fast jedem Dorf steht eine, die meisten sind stark verfallen, einige wurden aber mit internationalen Mitteln restauriert. Eine Kirchenburgentour mit Übernachtung in den früheren Pfarrhäusern könnte ein interessantes Reiseabenteuer werden. Ausführliche Informationen: *www.sibiweb.de*.

Das Banat erstreckt sich von der Region Temeswar und Arad über das Reschitzaer Bergland gen Süden bis Turnu Severin an der Grenze zu Jugoslawien. Teile des historischen Banats liegen seit der Gebietsneuordnung – nach dem Zerfall des Habsburgerreichs 1918 – in Ungarn und in Serbien. Im 18. Jh. holten Österreichs Kaiser Karl VI., seine Tochter Maria Theresia und sein Enkel Josef II. deutsche Siedler aus der Moselgegend, aus der Pfalz und Elsass-Lothringen ins Banat. Sie machten aus dem damals noch sumpfigen Gelände fruchtbares Ackerland. Von ihren überwiegend ungarischen Mitbewohnern wurden sie »Schwaben« genannt. Ihr Dialekt ähnelt der Färbung, die man heute in der Gegend von Ulm hört. Siebenbürger Sachsen, Banater Schwaben und spätere Siedler wie die Deutschböhmen im Banater Bergland zählten noch vor dem Zweiten Weltkrieg etwa 800 000 Menschen und bildeten nach den Ungarn die zweitstärkste ethnische Minderheit in Rumänien. Ihre Nachkommen wanderten während des Kommunismus zum größten Teil nach Deutschland aus. Zuverlässige Angaben über die Zahl der übrig Gebliebenen gibt es nicht. Vorsichtigen Schätzungen zufolge dürften es noch 50 000 sein.

BRAŞOV (KRONSTADT)

[118 A6] Es tut sich viel in Braşov; die größte Stadt in Siebenbürgen (320 000 Ew.) befindet sich eindeutig im Aufschwung. Das Stadtzentrum ist hübsch restauriert. Die Geschäfte um den Marktplatz sind wohl sortiert, in der Fußgängerzone flanieren gut gekleidete junge Leute, die Terrassen der Restaurants sind voll besetzt, die Menschen scheinen häufiger und befreiter zu lächeln als irgendwo anders im Land. Die Zukunft hat begonnen.

Kronstadt im alten Dakerland wurde zu Beginn des 13. Jhs. vom Deutschen Ritterorden gegründet. Die Stadt entwickelte sich rasch zu einer der bedeutendsten Schutzburgen Transsilvaniens. Im 15. Jh. expandierte Kronstadt zu einem der wichtigsten Zentren des Levante-Handels mit deutschen, rumänischen und griechischen Kaufleuten. Der Humanist Johannes Honterus leitete von hier aus die Reformation Siebenbürgens ein. In der Neuzeit entwickelte sich Kronstadt (neben Hermannstadt) zum geistigen Mittelpunkt der deutschen, aber auch griechischen Minderheit. Daneben existierte eine starke jüdische Gemeinde, deren Anteil an der Bevölkerung ähnlich wie der deutsche 1930 auf vier Prozent angewachsen war. Heute sind es nur mehr 0,1 Prozent – etwas weniger als 400 Menschen. Ebenso rapide sank der Anteil der Deutschen: Ihre Zahl liegt heute bei 1700, und die meisten wollen noch ausreisen.

Braşov arbeitet daran, eine touristische Zentrale zu werden, und auch wenn das noch Zukunftsmusik ist: Die herausragende Lage der Stadt am Fuße der Karpaten, von attraktiven Ausflugszielen und Wintersportmöglichkeiten geradezu umzingelt, ist wie geschaffen, naturliebende Urlauber anzuziehen.

bauen. Der Sakralbau wurde im Innern prunkvoll im byzantinischen Stil ausgestattet. Auf dem kleinen Friedhof zwischen Kirche und Stadtmauer liegt der letzte Fürst aus dem Geschlecht der Brâncoveanu, früher Herrscher über die Walachei. *Strada Gh. Barițiu*

SEHENSWERTES

Bartholomäuskirche
Der älteste Sakralbau der Stadt, Baubeginn im 13. Jh., hat ein auffälliges, großes Hauptportal. Von zwei geplanten Türmen wurde nur einer erbaut. *Strada Lungă 251*

Dreifaltigkeitskirche
1787 ließ die Griechische Handelskompanie am Rossmarkt die nationalgriechische Dreifaltigkeitskirche

Franziskanerkloster
Nach dem großen Stadtbrand von 1689 wurden das Franziskanerkloster und die dazugehörige Johanneskirche 1725 neu aufgebaut. Gotische und barocke Stilelemente charakterisieren das Klostergebäude. *Strada Sf. Joan*

Johannes-Honterus-Gymnasium
Deutsche Schule, die auf das Jahr 1388 zurückgeht. Sie wurde später

MARCO POLO Highlights »Transsilvanien«

★ **Sighișoara**
Der Rundgang im »siebenbürgischen Nürnberg« wird zum Besuch im Mittelalter (Seite 44)

★ **Brukenthal-Museum**
Die bedeutendste Kunstsammlung des Landes ist in Sibiu (Seite 40)

★ **Schwarze Kirche**
Kostbar ausgestattetes Wahrzeichen der Karpatenstadt Brașov (Seite 31)

★ **Biertan**
Ein deutsches Dorf mit der schönsten Wehrkirche Siebenbürgens (Seite 42)

★ **Scărișoara**
In der Eishöhle türmen sich riesige Eiszapfen in die Höhe (Seite 49)

★ **Piața Victoriei**
Beeindruckendes städtebauliches Ensemble auf dem Domplatz in der Revolutionsstadt Timișoara (Seite 46)

★ **Wochenmarkt**
Pralles, kunterbuntes Marktleben in Sibiu (Seite 41)

★ **Schloss Peleș**
Vergangene Fürstenpracht in der Sommerresidenz (Seite 33)

nach dem Kronstädter Stadtpfarrer und Reformator Johannes Honterus benannt, dessen Denkmal, ein Erzstandbild von 1898, am Kirchhof östlich der Schwarzen Kirche steht. *Curtea Johannes Honterus 1–5 (gegenüber der Schwarzen Kirche)*

Martinsberger Kirche

Ein gotischer Bau (14. Jh.) auf dem Schlossberg, 1795 erweitert. Bemerkenswerte Inneneinrichtung: Altar von Stefan Schuller (1730), die Holzmalereien (15./16. Jh.) auf der Emporenbrüstung zeigen die zwölf Schutzpatrone der Zünfte. *Strada Dealul de Jos 12*

Rathaus (Primăria)

1420 wurde das Alte Rathaus auf dem Marktplatz errichtet. Der Turm ist wesentlich älter und diente als Ausguck. Über 500 Jahre wurden von hier aus Kronstadt und das umliegende Burzenland regiert.

Der verheerende Stadtbrand von 1689 zog auch das Rathaus in Mitleidenschaft. Erst 1770 wurde das Gebäude barockisiert. *Piața Sfatului*

Römisch-katholische Kirche

Der einzige große Barockbau der Stadt wurde im 18. Jh. an der Stelle eines alten Dominikanerklosters mit Spenden von Kaiserin Maria Theresia gebaut und 1782 geweiht. Wertvolle Inneneinrichtung. *Strada Mureșenilor*

Sankt-Nikolaus-Kirche

Die orthodoxe Kirche am Anger in der Oberen Vorstadt wurde von Fürst Neagoe Basarab von 1512 bis 1521 im rumänisch-byzantinischen Stil erbaut und im 18. Jh. mit Unterstützung von Zarin Elisabeth ganz erheblich vergrößert. Es kam zu einer interessanten Stilvermischung: Turm, Schiff und Ecktürmchen entsprechen dem sächsischen Stil Sie-

Das alte Rathaus in Brașov wurde 1770 barockisiert

benbürgens, Kuppel und Inneneinrichtung sind byzantinisch. Wertvolle Fresken aus dem 16. Jh. Direkt auf dem Kirchhof befindet sich das ==älteste rumänische Schulhaus==, das etwa zeitgleich mit der Kirche errichtet wurde. Es beherbergt ein fast vergessenes, aber ==entzückendes Museum==, in dem man die älteste rumänische Druckerpresse bewundern kann, Schulutensilien von anno dazumal, die erste rumänischsprachige Bibel und eine Menge weiterer bibliophiler Schätze. Museumsdirektor Vasile Oltean spricht fünf Fremdsprachen und erklärt gerne alles persönlich, wenn man ihn vorher anruft *(Tel. 0268/14 38 79)* auch außerhalb der Öffnungszeiten *(tgl. 9–17 Uhr). Piaţa Unirii*

Insider Tipp

Schwarze Kirche

★ Die »Biserica Neagră« ist mit ihrem 65,6 m hohen Turm das Wahrzeichen von Kronstadt und die größte evangelische Kathedrale in Südosteuropa. Mit dem Bau des gotischen Gotteshauses wurde 1385 begonnen. Man errichtete sie an der Stelle einer älteren, 1242 von den Mongolen zerstörten Kirche. Im 16. Jh. betrieb der Stadtpfarrer Johannes Honterus von hier aus die Reformation Siebenbürgens. Er wurde in »seiner« Kirche beigesetzt, eine schlichte Steinplatte mit Inschrift, links vom Taufbecken, markiert sein Grab. Der Brand von 1689 hat Turm, Mauern und Außenfiguren der ehemaligen Marienkirche derart geschwärzt, dass sie fortan nur noch »Schwarze Kirche« hieß. Nach einer Renovierung ist sie nun grau. Im Innern: kostbare orientalische Gebetsteppiche, ein herrliches Bronzetaufbecken von 1472 sowie die riesige Orgel (von 1839) mit über 4000 Pfeifen, deren Klang in ganz Europa gerühmt wird. Der Besuch eines der vielen Orgelkonzerte wird empfohlen (Aushang im Eingangsbereich). *Curtea Johannes Honterus 2, Südseite des Rathausplatzes*

Stadtbefestigung

Insider Tipp

Noch heute ist die Altstadt teilweise mit Mauern, Türmen und Basteien umgeben. An der Zinnenseite ist die Anlage besonders gut erhalten. Die Mauern sind bis zu 12 m hoch und 2 m dick. Von den 8 viereckigen Pulvertürmen sind noch 3 übrig geblieben. Der nördliche ist die Tuchmacherbastei mit 16 m Durchmesser, in der Mitte steht die Seilerbastei und im Süden die Leinweberbastei, die das Aussehen einer Burg hat. Der Innenhof wird für kulturelle Veranstaltungen genutzt. 6 Türme stehen an der Graft, so der Turm der Graftbastei (über dem Graftbach), die Schmiedebastei (mit dem Staatsarchiv), der Weiße und Schwarze Turm an den Abhängen des Raupenbergs und das Katharinentor, an dem man noch die Burgwappen sehen kann.

Zinne (Tâmpa)

◁▷ Das landschaftliche Wahrzeichen Braşovs, der 955 m hohe Hausberg der Stadt, bietet eine herrliche Aussicht. Der bewaldete Teil ist Naturschutzgebiet mit seltenen Pflanzen und Tieren. Eine Kabinenseilbahn fährt hinauf. *Talstation Burgpromenade*

MUSEEN

Geschichtsmuseum

Die Ausstellung im Alten Rathaus zeigt die Geschichte der alten siebenbürgisch-sächsischen Zünfte. *Winter Di–So 9–17 Uhr, Sommer bis 16 Uhr, Piața Sfatului*

Kunstmuseum
Schwerpunkt ist das Thema Malerei in Siebenbürgen. *Di–So 10 bis 18 Uhr, Bd. Eroilor 21*

Stadtmuseum
Die Geschichte der Stadt und des Burzenlandes, anschaulich an Modellen erklärt. In der Leinweberbastion. *Di–So 10–16 Uhr, Strada Gh. Coșbuc 9*

ESSEN & TRINKEN

Cerbul Carpatin
Apollonia Hirscher, Ehefrau des Kronstädter Stadtrichters Lukas Hirscher, ließ 1545 auf dem Gelände des alten Fischmarktes ein Kaufhaus für die Händler und Kaufleute errichten. Sehr schöne Laubengänge. Das Haus wurde später ein Restaurant, nach den vormaligen Besitzern »Karpatenhirsch« benannt, auf Rumänisch »Cerbul Carpatin«. Siebenbürgische Küche. *Piața Sfatului 14, Tel. 0268/14 39 81, €€*

Insider Tipp Cetatea
Siebenbürgische Küche auf dem Schlossberg, Livemusik. *Strada Cetății, Tel. 0268/41 76 14, € – €€*

Marele Zid
Es gibt tatsächlich Leute, die behaupten, dass dieses Chinarestaurant das beste Lokal Rumäniens sei – eine kühne Hypothese! *Piața Sfatului 10, Tel. 0268/41 80 11, €*

Taverna
Klein, intim, typisch rumänische Küche, rustikal mit weißen Wänden und schwarzen Möbeln. Ohne Musik. Unbedingt vorher reservieren. *Strada Politehnicii 6, Tel. 0268/47 46 18, €*

ÜBERNACHTEN

Aro-Palace
Nobelhotel der Stadt mit Restaurant, Bowlingbahn und Nachtclub. *307 Zi., Bd. Eroilor 27, Tel. 0268/ 47 88 00, Fax 47 52 28, €€€*

Capitol
Neues Hotel in der Innenstadt mit Restaurant und Bar. *184 Zi., Bd. Eroilor 19, Tel. 0268/41 89 20, Fax 47 29 99, €€*

Coroana
Traditionshaus in der Altstadt, etwas heruntergekommen, aber für den Preis ist es erträglich. *Strada Republicii 62, Tel. 0268/14 43 30, Fax 14 15 05, € – €€*

AM ABEND

Staatsphilharmonie (Filarmonia de Stat) *Inside Tipp*
Klassische Konzerte in sehr annehmbarer Qualität. *Strada Mureșenilor 25, Kartenvorbestellung Tel. 0268/14 93 78*

AUSKUNFT

Tourismusagentur
Im Hotel Aro-Palace, Tel. 0268/ 47 88 00 bzw. im Hotel Coroana, Tel. 0268/14 46 80

ZIELE IN DER UMGEBUNG

Bran (Törzburg) [118 A6]
Das berühmte Draculaschloss, sagen die einen. Die anderen meinen,

dass das Draculavorbild Vlad Țepeș nie dort war. Wie dem auch sei: Die Burg thront auf einem Felsmassiv oberhalb eines idyllischen Tals. Ein hübscher Anblick, bei dem man eher ins Träumen denn ins Gruseln gerät. Die Festung wurde 1377 von den Kronstädter Rittern gebaut. Sie hat sogar den anstürmenden Türken und Kuruzzen getrotzt. Sehenswertes Museum der Feudalkunst sowie eine Freilichtausstellung mit alten Bauernhäusern neben der Burg. *(Beides: Di–So 9–16 Uhr) 27 km südlich Richtung Câmpulung*

Peleș [118 A6]

Man muss schon etwas weiter ausholen, um die Attraktion von Peleș zu erläutern: 1866 befand sich Rumänien wieder einmal im innenpolitischen Clinch. Der Vereinigungsfürst Cuza wollte Kirche und Adel zu Gunsten der Bauern enteignen, was wiederum Adel und Kirche nicht wollten: Sie zwangen Cuza zum Rücktritt. Doch wer sollte Rumänien regieren? Am besten einer aus dem Ausland, ein Neutraler. So verfielen die Bojaren auf den deutschen Prinzen Karl von Hohenzollern-Sigmaringen, einen Protegé Bismarcks und Napoleons III. Auch die Türken stimmten zu, und so wurde aus Prinz Karl Fürst Carol, der sich nach der rumänischen Unabhängigkeit 1881 zum König Carol I. krönen ließ. Dennoch muss er in seinem Karpatenreich ein wenig Heimweh gehabt haben, denn bei Sinaia baute er sich ein Stückchen Heimat nach: 1883 war ★ Schloss Peleș fertig gestellt, eine Sommerresidenz, die stark an die Hohenzollernburg Hechingen in Baden-Württemberg erinnert. Ceaușescu gefiel die pompöse Neorenais-

Schloss Peleș für König Carol I.

sance sehr gut, weil er hier eine Residenz für hohe Staatsgäste hatte, die nun besichtigt werden kann *(tgl. 9–16 Uhr). 40 km Richtung Süden*

Poiana Brașov [118 A6]

Das bekannteste rumänische Wintersportzentrum. Lifte und Wanderwege sind vorhanden, Ski alpin, Rodeln, Langlauf – alles ist möglich. Ausführliche Informationen zu Unterkunft, Skipisten, Wandertouren: *www.poiana-brasov.com, http://poiana.8k.com.* 🏃 Es gibt jede Menge Hotels, zahlreiche Restaurants und ein für rumänische Verhältnisse ausgeprägtes Nachtleben. Wer es laut mag, ist hier richtig. Empfehlenswerte Hotels: *Alpin,* in sehr schöner Hanglage, mit Bar und Hallenbad.

129 Zi., Tel. 0268/26 23 43, €€; Tirol, klein und einsam gelegen, mit Restaurant, *58 Zi., Tel. 0268/26 24 60, Fax 26 24 39, €€€.* Infos: *Touristik-Agentur, Komplex Favorit, Tel. 0268/26 24 04 oder 26 23 89.* Freie Zimmer in allen Hotels in der Poiana Brașov vermittelt das *Dispecerat de Cazare (Verteilungszentrale), Tel. 0268/26 23 25 oder 26 23 89. 12 km Richtung Süden*

Predeal [118 A6]

Sehr schöner Luftkur- und Wintersportort (6500 Ew.) auf dem Karpatenkamm in 1100 m Höhe. ◣ Grandiose Aussicht auf das Bucegi-, Postăvarul- und Piatra-Mare-Massiv. Übernachten kann man gut im *Hotel Belvedere (Tel. 0268/45 54 88, Fax 45 68 71, €). 20 km Richtung Süden*

Prejmer (Tartlau) [118 B6]

Paradebeispiel für die Baukunst des Deutschen Ritterordens, eine für Siebenbürgen typische Wehranlage mit einer gotischen Kirche (15. Jh.). *20 km Richtung Nordosten*

Rișnov (Rosenau) [118 A6]

Die Daker siedelten hier, die Römer gründeten das Lager Cumidava. 1200 Jahre später kam der Deutsche Ritterorden und baute eine Bauernburg *(Di–So 9–17 Uhr)* mit starken Ringmauern, Speck- und Kornkammern, Waffenturm und Kirche. *15 km Richtung Südwesten*

Sinaia [118 A6]

Berühmter Bade- und Wintersportort im Prahova-Tal, etwas edler als Poiana Brașov. Alle Sportarten in herrlicher Landschaft (Bucegi-Massiv) möglich. Schneesicher! Gute touristische Infrastruktur mit zahl-

reichen Hotels, Restaurants und Bars. Seilbahnen und Lifte bringen die Skifahrer bis auf eine Höhe von 2000 m; Bob- und Rodelbahn. Mitten im Kurpark liegt das 3-Sterne-Hotel *Caraiman* im siebenbürgischen Stil *(Tel. 0244/26 22 26, €€). 40 km Richtung Süden*

CLUJ-NAPOCA (KLAUSENBURG)

[117 E4] Eine pulsierende Stadt, zumindest im Zentrum. Wenn man sich erst einmal durch die Plattenbau-Tristesse der Vorstädte gekämpft hat, wird es urban. Sicher, die Boulevards und Häuser haben schon bessere Zeiten gesehen. Doch die Straßen und Plätze sind voller Menschen, vor allem junger Menschen. Man spürt das typische Ambiente einer Universitätsstadt. In erster Linie aber ist Cluj (328 000 Ew.) die Stadt der ungarischen Minderheit in Rumänien. Hier war das erste Zentrum des ungarisch verwalteten Siebenbürgens, und das bestand ein paar Hundert Jahre. Seit einigen Jahren prägt auch der Nationalismus des Bürgermeisters Gheorghe Funar das Stadtbild. Der Rathauschef, ein erklärter Ungarnfeind, ließ demonstrativ die Parkbänke und städtischen Abfalltonnen in den rumänischen Nationalfarben Rot-Gelb-Blau anstreichen. Doch der Reihe nach: Die ursprünglich dakische Festung Napoca bauten die Römer im 1. und 2. Jh. aus. Im 11. Jh. siedelten hier die Ungarn. Kolosvár, so der ungarische Name, wurde Sitz einer königlichen Burg, die 1241 von den Mongolen zerstört wurde. König

Stephan I. rief deutsche Siedler ins Land, und die kamen gerne, denn die Gegend war bekannt für ihre Gold- und Silbervorkommen. So bekam Klausenburg einen ungarisch-deutschen Charakter, wobei die Regenten von Ungarn das Sagen hatten. Diese Vergangenheit spukt der ungarischen und der rumänischen Bevölkerung noch immer im Kopf herum. Deshalb hatte die 1989er-Revolution in Cluj einen besonderen Charakter: Man kämpfte nicht nur gegen das Ceaușescu-Regime, sondern auch gegen Bukarest.

SEHENSWERTES

Babeș-Bolyai-Universität
1872 als »Franz-Joseph-Universität« eröffnet und später nach dem ungarischen Mathematiker Bolyai benannt. Nach dem Zweiten Weltkrieg kam der rumänische Biologe Babeș hinzu. Der Gebäudekomplex im Neurenaissancestil beherbergt heute acht Fakultäten. Sehr schöne Innenhöfe. Die Uni hat den weltweit einzigen Lehrstuhl für Höhlenforschung – mit ausgezeichnetem Ruf. *Strada Kogălniceanu 1*

Botanischer Garten (Grădina Botanică)
Mit 14 ha einer der größten Südosteuropas, 1920 vom rumänischen Naturwissenschaftler Alexandru Borza gegründet. Hier wachsen Bäume und Pflanzen aus allen Kontinenten. Angeschlossen ist das Botanische Museum. *Di–So 9–17 Uhr; Strada Republicii 24*

Franziskanerkloster (Mânăstirea Franciscanilor)
Interessantes Bauwerk aus dem 15. Jh., in dem heute eine Musikschule untergebracht ist. Übergang von Gotik zur Renaissance. Im gotischen Refektorium befindet sich der Musiksaal. *Piața Muzeului*

Michaelskirche
Große, beeindruckende gotische Hallenkirche, Bauzeit 1349 bis 1450. Einer der beiden geplanten Türme blieb unvollendet. Besonders wertvolle Inneneinrichtung mit vielen Kunstwerken, wie die Brüstung mit den Bildnissen der Evangelisten und Kirchenväter. In der Kirche wurden zwei siebenbürgische Fürsten gekrönt. Das katholische Gotteshaus ist der Mittelpunkt der Stadt. *Piața Unirii*

Rathaus (Primăria)
1846 vom Baumeister Anton Kagerbauer im neoromanischen Stil mit neoklassizistischem Portal errichtet. *Piața Unirii*

Reformierte Kirche
Der turmlose Bau wurde Ende des 15. Jhs. als Franziskanerkirche gebaut. 1486 gründete hier der in Cluj geborene König Matthias Corvinus ein Minoritenkloster. Während der Glaubenskämpfe wurde die Kirche schwer beschädigt und 1622 einem neugegründeten reformierten Gymnasium zugewiesen. 1638 restaurierte man den Bau wieder als Gotteshaus. 1646 entstand die geschnitzte Kanzel. Vor der Kirche steht das Reiterstandbild des hl. Georg, eines der ersten der Gotik, 1373 von den Klausenburger Bildhauern Martin und Georg Nikolaus angefertigt. *Strada Gh. Doja 1*

Reiterstandbild
Vor dem Südportal der Michaelskirche steht das überdimensionale Rei-

terstandbild von Ungarns König Matthias Corvinus, im Halbkreis von einer Gruppe riesiger Krieger umgeben, allesamt kernige Ritter in dramatischer Geste. Der Ungar János Fadrusz hat es 1902 geschaffen. Das stark verkleinerte Modell erhielt 1896 bei der Pariser Weltausstellung den Großen Preis. Verstärkt wird der Eindruck noch durch die Dimensionen des riesigen Platzes Unirii, auf dem selbst die große Michaelskirche bescheiden wirkt. Eine seltsame Mischung von Gigantomanie, verklärter Vergangenheit und urbaner Leere.

MUSEEN

Insider Tipp

Apothekenmuseum (Colecxia de Istorie a Farmaciei)

In diesem Gebäude (14. Jh.) wurde 1573 eine der ersten Apotheken Siebenbürgens untergebracht. Im Keller mittelalterliche Laboratorien. *Di–So 10–16 Uhr; Strada Regele Ferdinand*

Ethnografisches Museum (Muzeul Etnografic al Transilvaniei)

Die Redoute, ein prachtvolles Empiregebäude aus dem 19. Jh., beherbergt seit 1923 das transsilvanische Volkskundemuseum. *Di–So 9–17 Uhr; Strada Memorandumului 21*

Freilichtmuseum (Parculetnografic)

Insider Tipp

80 Bauernhöfe und Holzkirchen der Region im Hoja-Wald von Someşeni. *Di–So 9–16 Uhr*

Kunstmuseum (Muzeul Naţional de Artă)

Gemäldesammlung im barocken, vierflügligen Bánffy-Palais. Götterfiguren im Innern versinnbildlichen die politischen und gesellschaftlichen Ambitionen der damaligen Feudalherren: Mars und Minerva, Apollo und Diana, Herakles und Perseus. Es sind Werke des Bildhauers Anton Schuchbauer. *Mi–So 10–16.30 Uhr; Piaţa Unirii 30*

Höhlen in Rumänien

Spaß und Naturerlebnisse bei Klettertouren im Bauch der Berge

Etwa 12 000 Höhlen durchfurchen die rumänischen Karpaten und bieten oft ein grandioses Naturschauspiel. Mit der genauen Erfassung haben die Forscher immer noch alle Hände voll zu tun. Viele, aber bei weitem nicht alle Grotten sind mit Führungen für Touristen zugänglich. In manchen Fällen benötigen Sie sogar Bergsteigerfähigkeiten und entsprechende Ausrüstung. Die Bevölkerung der Karpaten dürfte das Berginnere bis ins 20 Jh. hinein als Zufluchtsort vor diversen Bedrohungen benutzt haben. Der Sicherheitszustand der Höhlen entspricht nicht in jedem Fall westlichem Niveau. Oft fehlt die Beleuchtung, folglich sollten die Besucher eine Taschenlampe mitbringen. Trotz aller Widrigkeiten: Höhlenbesichtigungen sind großartig.

ESSEN & TRINKEN

Maestro
Gutes Restaurant mit vielfältiger rumänischer Küche. *Strada Dobrogeanu Gherea 25, Tel. 0264/43 11 08, €€*

Tamas Bistro
Im Dorf Savadisla (ca. 20 km südwestlich von Klausenburg) gelegen. Sehr schmackhafte ungarisch-siebenbürgische Spezialitäten werden in rustikalem Ambiente serviert. Sie sitzen zum Essen in alten Kutschen! *Dorfmitte, Tel. 0264/37 44 55, €€*

ÜBERNACHTEN

Central-Melody
Kleines Hotel mit 32 einfachen Zimmern. In der Stadtmitte gelegen und mit Restaurant ausgestattet. *Piaţa Unirii 29, Tel. 0264/19 74 65, Fax 19 74 68, €*

Sport
Einfaches Hotel für niedrigere Ansprüche zu günstigen Preisen. *136 Zi., Strada G. Coşbuc 15, Tel. 0264/19 39 21, €*

Transilvania
Bestes Haus am Platz. Es steht hoch oben auf dem Schlossberg und bietet jeglichen Komfort: Restaurant, Bars, Pool, Sauna. *156 Zi., Strada Călăraşi 1, Tel. 0264/43 20 71, €€*

Vila Continental
Das kleinste Hotel von Cluj hat sehr annehmbare Zimmer und so ist auch sein Restaurant. *12 Zi., Strada Gh. Sincai 6, Tel. 0264/19 55 82, Fax 19 97 89, €€*

AM ABEND

Bianco e Nero
Studentendisko in einem alten Gebäude mit schönem Innenhof. Schräg gegenüber vom Uni-Haupteingang. *Strada M. Kogălniceanu*

Music Pub
Studentenkneipe mit Livemusik (Jazz und Rock) jedes zweite Wochenende. Unbedingt Platz reservieren, auch wenn kein Konzert angesagt ist. *Strada Horea 5, Tel. 0264/43 25 17*

AUSKUNFT

Touristenamt
Agenţia KM0, Piaţa Unirii 10, Tel. 0264/19 11 14, Fax 19 65 57, www.dntcj.ro/turismtr

ZIELE IN DER UMGEBUNG

Bistriţa (Bistritz) [117 F3]
Die alte Stadt (87 000 Ew.) in Nordsiebenbürgen war früher ein Zentrum der deutschsprachigen Bevölkerung. Schöner Laubengang in der Stadtmitte, sehenswerte gotische Kirche (16. Jh.) mit Wandmalereien und einem 70 m hohen Turm. Das Heimatmuseum ist in einem Gebäude aus dem 16. Jh. untergebracht *(Di–So 9–17 Uhr)*. *100 km Richtung Nordosten*

Turda (Thorenburg) [117 E4]
Im 16. Jh. war die Stadt (65 000 Ew.) Sitz der Landtage des Fürstentums Siebenbürgen. Ihre Geschichte ist jedoch viel älter. Zu besichtigen sind die Überreste einer dakischen, dann römischen Festung (Potaissa). *31 km Richtung Südosten*

Nostalgischer Charme: Pferdewagen sind überall anzutreffen

SIBIU (HERMANNSTADT)

[121 E2] Hermannstadt (170 000 Ew.) hatte einmal den größten Anteil der deutschsprachigen Bevölkerung Siebenbürgens. Dieses ist bei einem Spaziergang stets gegenwärtig. Häuser, Türme, Gassen, Hinterhöfe, Plätze, Palais erinnern an die Architektur alter deutscher Städte. Leider verfällt das meiste.

1223 wurde der Ortsname (Villa Hermanni) das erste Mal urkundlich genannt. Siedler aus dem Moselgebiet und vom Niederrhein hatten das Gemeinwesen zu einem blühenden Zentrum des Handwerks und der Künste aufgebaut. Diese Stadt galt es gegen Eroberer zu schützen. Die Hermannstädter Wehranlagen waren so stark, dass es selbst die Türken nicht schafften, die Festung zu stürmen. Die 4 km langen Stadtmauern besaßen 54 Türme, vier Basteien, ein Rondell und fünf Tore. Sie wurden von den Zünften verteidigt, die Bürger stellten sämtliche Waffen. Erst 1687 besetzten die Österreicher Hermannstadt, Siebenbürgen wurde dem Habsburger Reich einverleibt. Im 19. Jh. erblühte die Stadt zu einem nationalen, kulturellen und sakralen Zentrum der rumänischen Siebenbürger. Nach der Vereinigung mit Altrumänien konnte Sibiu, so der rumänische Name, seine wirtschaftliche Vormachtstellung im Maschinenbau, der Textil- und Lebensmittelindustrie behaupten.

Der Niedergang kam ab 1980, bedingt durch die wirtschaftliche Krise in ganz Rumänien. Auch nach der Revolution von 1989 war kein Aufschwung spürbar. Im Gegenteil: Die Arbeitslosenzahl stieg gewaltig an. Heute ist in der früher so prächtigen Stadt eine seltsame Resignation spürbar. Die Altstadt, ein städtebauliches Juwel, ist hochgradig vom Verfall bedroht. Es gibt Pläne, mit Hilfe der Unesco das mittelalterliche Gemäuer zu retten. Auftrieb gab diesem Projekt 1998 der Besuch des architekturinteressierten britischen Prinzen Charles, der Hermannstadt sehr »poetisch« fand. Hoffnungen weckte auch der neue Bürgermeister Klaus Johannis. Er ist seit Sommer 2000 nach mehr als 50 Jahren der erste Siebenbürger Sachse an der Rathausspitze.

SEHENSWERTES

Altes Rathaus (Primăra Veche)
Bedeutendster gotischer Profanbau in Siebenbürgen. Im viergeschossigen Turm wohnte im 15. Jh. der Bürgermeister und Königsrichter Thomas Altemberger. Im 16. Jh. wurde der Turm im Renaissancestil leicht umgebaut. *Al. Odobescu 2*

Blaues Stadthaus
Ein hübscher spätgotischer Bau mit barocken Elementen. Seine Fassaden sind blau getüncht. Sitz des Kreisamtes für nationales Kulturgut. *Piaţa Mare 5*

Deutsches Gymnasium
Ein traditionsreiches Haus: 1380 erstmals als Schule erwähnt, seit 1555 evangelisches Gymnasium. Das jetzige Gebäude wurde Ende des 18. Jhs. errichtet. Sehr schöne Aula mit barocken Elementen. *Piaţa Huet, gegenüber der evangelischen Stadtpfarrkirche*

Evangelische Kirche
Die dreischiffige gotische Kirche wurde zwischen 1322 und 1520 an der Stelle einer romanischen Basilika errichtet. Sonntags Treffpunkt der deutschsprachigen Gemeinde. Fresko der Kreuzigung von 1445, bronzenes Taufbecken vom Glockengießer Leonhardus (1438), zwei Flügelaltäre (16. und 17. Jh.) und die Plastikgruppe »Jesus zwischen zwei Engeln«, die in einen modernen Altar eingefügt wurde. *Piaţa Griviţa 1*

Filek-Haus
Barockhaus des Lederermeisters Anton Filek. Ab 1867 Bischofsitz der evangelischen Kirche in Siebenbürgen. *Strada Gen. Magheru 4*

Franziskanerkirche
Im 15. Jh. für Klarissinnen gebaut, wurde sie 1716 Franziskanern überlassen und spätbarock umgebaut. Im Innern eine bemalte Pietà aus dem 15. Jh. sowie das Grabmal eines Generals aus dem 18. Jh. *Şelarilor 3*

Haller-Haus
Gotisches Gebäude mit Patrizierturm. 1537 kam es in Besitz des Königsrichters und Bürgermeisters Peter Haller, der es im Renaissancestil umbaute. Im Hauptportal das Wappen der Familie. *Piaţa Mare 10*

Kreuzkapelle
Gehörte zum ehemaligen Dominikanerkloster und beherbergt einen schönen »Jesus am Kreuz, umgeben von Maria und Johannes« des Bildhauers Petrus Lantregen (1417). *Piaţa Gării*

Lügenbrücke (Podul de Fier)
Berühmte, kleine Brücke an der Piaţa Mică. Sie überspannt eine Gasse, die von der Unterstadt hoch-

Auf dem Denkmal für die Revolution von 1848 sind auch die jungen Opfer der Revolution von 1989 aufgeführt

kommt. Der Sage nach bricht sie zusammen, wenn ein Lügner sie betritt – doch bis jetzt hat sie noch jeden gehalten, der seinen Fuß auf sie setzte.

Lusch-Haus

Das ursprünglich gotische Gebäude mit Wohnturm wurde später umgebaut und ist jetzt Sitz des Forums der Deutschen in Siebenbürgen. *Piaţa Mare 13*

Orthodoxe Kathedrale

Die Kirche zur hl. Dreifaltigkeit (1902–1906) ist der Nachbau einer byzantinischen Basilika. Prächtige Freskenmalerei. *Strada Mitropoliei 35*

Römisch-katholische Pfarrkirche

Saalkirche im österreichischen Barock (1726–1733). Als kostbare Inneneinrichtung besitzt die Kirche die Altarwand mit dem Fresko »Maria mit dem Kindlein« von dem österreichischen Künstler Anton Steinwald. *Piaţa Mare 2*

Schatzkästlein (Casa Artelor)

Die ehemaligen Verkaufshallen der Metzgerzunft (15. Jh.) besitzen einen sehr schönen Laubengang im Erdgeschoss. Im Obergeschoss befindet sich ein Ausstellungsraum. *Piaţa Mică 21*

Stadtbefestigung

Von der mittelalterlichen Anlage sind noch ein Teil der Stadtmauer sowie vier Türme vorhanden. Sie tragen die Namen der Zünfte, die sie vor 500 Jahren gebaut haben: Armbruster-, Töpfer-, Zimmermannsturm und Hallerbastei.

Ursulinenkirche

Sie wurde 1479 von Dominikanern erbaut, 1728 jedoch umgestaltet. *Strada Gen. Magheru 36*

MUSEEN

Brukenthal-Museum (Muzeul Naţional Brukenthal)

★ Eines der bedeutendsten Museen Rumäniens, auf jeden Fall das älteste des Landes (1790). Große Gemäldeabteilung mit Werken von Rubens, van Dyck, Jan Breughel, der österreichischen und rumänischen Schule. Insgesamt 900 000 Exponate mit der Volkskunst- und der Geschichtsabteilung.

Die Bibliothek umfasst 200 000 Bände und Druckwerke aus dem 15. und 16. Jh. Die Ausstellungsräume sind im Brukenthal-Palais, dem wohl schönsten Barockgebäude Siebenbürgens, untergebracht, das als Wohnhaus und Residenz des Gouverneurs Samuel von Brukenthal diente (1781 nach Plänen von Wiener Architekten errichtet). *Di–So 10–17 Uhr, Piaţa Mare 4, www.verena.ro/brukenthal*

Insider Tipp

Freilichtmuseum (Muzeul Tehnicii Populare)
Museumsdorf mit Bauernhöfen und Mühlen aus allen Landesteilen, landschaftlich sehr schön gelegen. *Tgl. 9–17 Uhr, im Winter geschl., 6 km außerhalb, Straßenbahnverbindung. Pădurea Dumbrava*

Historisches Museum (Muzeul de Istorie)
Dokumentation der Stadtgeschichte. Vom Turm – früher Ratsturm, später Getreidespeicher – gute Sicht über die Stadt. *Di–So 9 bis 17 Uhr, im Winter geschl., im Alten Rathaus, Al. Odobescu*

Naturwissenschaftliches Museum (Muzeul de Istorie Naturală)
In einem Palast im Stil der italienischen Renaissance untergebracht. Die Siebenbürger Sachsen nennen das Haus nach seinem Erbauer: Spiess-Haus. *Di–So 9–17 Uhr, Cetăţii 1*

ESSEN & TRINKEN ÜBERNACHTEN

Casa Moraru
Gästehaus mit gut ausgestatteten Zimmern, Restaurant, Bar, Terrasse, Pool. *20 Zi., Strada Vlahuţă 11, Tel. 0269/21 84 10, Fax 21 54 90, €€*

Continental
Hochhaushotel mit Restaurant. Wenig apart, aber zweckmäßig. *180 Zi., Calea Dumbrăvii 2–4, Tel. 0269/21 81 00, Fax 21 01 25, €€*

Impăratul Romanilor
Traditionshaus in der Altstadt. Restaurant, Bar, gute Einrichtung, witzige Maisonette-Zimmer. *96 Zi., Strada N. Bălcescu 4, Tel. 0269/21 65 00, Fax 21 32 78, €*

EINKAUFEN

Galerii de Artă
Folkloreboutique mit Handwerkskunst. *Gegenüber dem Rathausturm, Piaţa Mică*

Wochenmarkt
★ Einer der buntesten Märkte des Landes. Jeden Dienstag ein Erlebnis. Am 1. Sonntag im September findet ein attraktiver Töpfermarkt statt. *Marktplatz in der Unterstadt*

AM ABEND

Philharmonie (Filarmonia)
Ein Ort für gepflegte Kammerkonzerte. Die größeren Aufführungen finden im Theater statt. *Strada Filarmonicii, Tel./Fax 0269/23 51 15*

Sibiul Vechi
Insider Tipp
Unbedingt ein Muss für Leute, die gern essen. Siebenbürgische Küche,

Extra starke Mauerringe umfassen die Kirchenburg Biertan (15. Jh.)

dazu Volksmusik mit Geige, Akkordeon und Gesang. *Strada Papiu Ilarian 3, Tel. 0269/21 04 61, Fax 21 28 14, €€*

Staatstheater (Teatrul de Stat Radu Stanca)

Schauspiel, mit deutschsprachiger Abteilung: Die ist in einem barackenähnlichen Bau untergebracht, der jeder Beschreibung spottet. *Al. Odobescu 4, Kartentel. 0269/ 134 96*

AUSKUNFT

Tourist Information Center
Piaţa Mare 7, Tel. 0269/21 11 10, www.primsb.ro, www.sibiu.her mannstadt.ro

Information für Agrotourismus
2469 Tilisca, Tel. 0269/55 30 52, micsi@usa.net

ZIELE IN DER UMGEBUNG

Biertan (Birthälm)   [121 F1]
★ Sehr schönes Dorf im Tal des Weinbaugebiets Tirnava Mare (Große Kokel). Die imposante Kirchenburg, Teil des Weltkulturerbes der Unesco, hat 3 Wehrmauern, 3 Tore und 6 Türme. Der  Hauptturm kann bestiegen werden und bietet eine herrliche Aussicht. Spätgotische Kirche im Burgbereich. *65 km Richtung Nordosten*

Cisnădioara (Michelsberg)   [121 E2]
Kleines, halb verlassenes deutsches Dorf in der Nähe von Sibiu. Oben auf dem Michelsberg steht eine alte romanische *Basilika*, Teile der Wehrmauern sind noch vorhanden. Herrlicher Blick auf die Umgebung und die Bergwelt. *20 km Richtung Südwesten*

Cozia [121 E2–3]

Altes Kloster hinter der Olt-Klamm. Der walachische Fürst Mircea der Alte hat die Abtei 1388 im byzantinischen Stil errichten lassen. Hier wurde er auch begraben. Sehenswertes *Klostermuseum (tgl. 6 bis 22 Uhr). 52 km Richtung Süden*

Făgărar-Gebirge [121 F2]

Der höchste Gebirgszug der Karpaten liegt in südöstlicher Richtung vor den Toren von Sibiu. Er lädt zu ausgedehnten Wanderungen und einsamen Bergtouren ein. Den vielstündigen Anstieg zum Moldoveanu, mit 2544 m der höchste Gipfel Rumäniens, sollten nur geübte Bergwanderer mit guter Ausrüstung unternehmen. Die Anstrengungen werden mit einem herrlichen Naturerlebnis belohnt.

Hunedoara (Eisenmarkt) [121 D2]

Dieses Städtchen (80 000 Ew.) ist **ein Muss für Reisende mit Sinn für das Absurde:** An keinem anderen Ort findet man Mittelalter und Postsozialismus so nahe nebeneinander. Keine hundert Meter neben der Burg des ungarischen Gouverneurs Janos Hunyady aus dem 15. Jh. steht nämlich ein marodes kommunistisches Stahlwerk, aus dem nur noch ab und zu dünner rötlicher Rauch aufsteigt. Beide Bauwerke haben eines gemeinsam: Es sind historische Leichen, rührend einträchtig nebeneinander in sanfter Hügellandschaft, umhüllt von friedlichem Vogelgezwitscher. Das Stahlwerk arbeitet so gut wie gar nicht mehr, und die verfallende Burg wird seit Jahren ohne sichtbaren Erfolg vom Kultusministerium renoviert. Man kann die vielen gespenstischen Rittersäle, Türme und Erker dennoch besuchen *(tgl. 10–17 Uhr).* Kaum zu glauben, dass hier einmal der ungarische König Matthias Corvinus, Sohn von Hunyady, gelebt hat und dem Bauwerk die Renaissanceelemente beifügen ließ. *125 km Richtung Westen*

Mediaş [121 E1]

Stadt in einer Weinbaugegend mit einer sehr schönen gotischen *Kirchenburg,* die im 13. Jh. errichtet wurde. *55 km Richtung Nordosten*

Păltiniş (Hohe Rinne) [121 E2]

Herrliches Wander- und Wintersportgebiet in der Nähe von Sibiu. Die Straße führt in 1200 m Höhe. Skigebiet für Könner. Im Sommer ist der Luftkurort der ideale Ausgangspunkt für lange Wanderungen bis zu den Gipfeln des *Cibin-Gebirges.* Gute Ausrüstung und ausreichend Proviant sind allerdings unbedingt erforderlich. Păltiniş hat Busanbindung. *Ca. 30 km Richtung Südwesten*

Răşinari [121 E2]

Malerisches rumänisches Dorf. Hier wohnen Bauern und Schäfer, die einen hervorragenden Käse herstellen. Zwischen Stadt und Dorf verkehrt die Straßenbahn – ein originelles Bild, wenn der Trambahnfahrer die Gänse von den Schienen scheuchen muss. Im Volksmund heißt das Verkehrsmittel nur »Käse-Express«. *12 km Richtung Süden*

Sebeş (Mühlbach) [121 E1]

Eine der frühesten deutschsprachigen Siedlungen Siebenbürgens. Die Stadt (30 000 Ew.) bietet zwei bedeutende Sehenswürdigkeiten: den *Studententurm* (14. Jh.) und die

Evangelische Kirche aus dem 13. Jh. mit einem bemerkenswerten Flügelaltar. *55 km Richtung Nordwesten*

Sighişoara (Schässburg) [121 F1]
⭐ »Das Nürnberg Siebenbürgens«, wie die Fremdenverkehrswerbung schwärmt, eine Stadt (30 000 Ew.) unter Denkmalschutz. Damit ist die Altstadt gemeint, mit winkligen Gassen und krummen Häusern, weniger das Drumherum. In ihrer Mitte steht wie früher die mächtige *Burg,* die besterhaltene Siebenbürgens, im 12. und 13. Jh. auf den Ruinen eines römischen Kastells errichtet. Den Namen Schässburg erhielt die Stadt erst im 14. Jh. von deutschen Patriziern, Kaufleuten und Handwerkern.

Das auffälligste Gebäude ist der 64 m hohe ◀▶ *Stundturm.* Er hat seinen Namen von der Uhr mit dem Figurenwerk, das die Stunden und Wochentage anzeigt. Das Bauwerk stammt aus dem 14. Jh. und enthält jetzt ein sehenswertes *Museum (tgl. 9–16 Uhr)* mit Exponaten zur Stadtgeschichte sowie aus der Apotheke des Meisters Andreas Bertram (1636). Oben von der Plattform hat man einen herrlichen Blick über die Gassen und Dächer der Altstadt, auch auf die Stadtbefestigung mit einer starken Mauer und 9 Wehrtürmen (von ursprünglich 14).

Verlassen Sie den Stundturm, und gehen Sie in Richtung Bergkirche, vorbei am *Vlad-Dracul-Haus.* 1431–1435 weilte der Vater des Dracula-Vorbildes Vlad Ţepeş im Schässburger Exil, danach wurde er Fürst in der Walachei. Heute sind hier eine gemütliche Bierstube sowie das *Restaurant Dracula* im 1. Stock eingerichtet. Sie können auch bei *Dracula* wohnen, in einem Motelrestaurant mit gutem Essen und zahlreichen Reitgelegenheiten *(17 Zi., an der Landstraße Schäss-*

Pittoreske Dorfstraße in Sebeş, das bis ins 9. Jh. zurückreicht

burg–Mediaş bei Daneş, Tel. 0265/77 22 11, €).

Der weitere Weg führt bergauf zu einem langen, überdachten Holzgang, der historischen *Schülertreppe* von 1642. Tag für Tag mussten und müssen die armen Schüler 175 Stufen morgens hoch- und nachmittags heruntersteigen. Oben steht die deutsche Schule, ein Traditionsinstitut. Daneben die *Bergkirche* (1345), eines der Wahrzeichen der Stadt. Noch heute werden hier die Zunftfahnen aufbewahrt, die die Verteidiger der Stadt bei einem Angriff in die Kirche schleppten. Dahinter erstreckt sich an einem Hang unter alten Bäumen der *Bergfriedhof,* der wohl schönste Siebenbürgens. Wahrhaftig ein Ort der Stille. *90 km Richtung Nordosten*

Slimnic (Stolzenburg)   **[121 E1]**

Sehenswerte *Wehrkirche* aus dem 14. Jh. Die Befestigung ist nur noch im Kern zu sehen. Neben der Kirche steht der *Speckturm,* in dem früher der Proviant für eine Belagerung aufbewahrt wurde. Stolzenburger haben eine bunte siebenbürgisch-sächsische Tracht, die manchmal sonntags beim Kirchgang zu sehen ist. *15 km Richtung Norden*

Târgu Mureş (Neumarkt)   **[117 F4]**

Industriestadt (155 000 Ew.) an der Marosch (Mureş), umgeben von herrlicher Landschaft. Frühe skytische Siedlung. Neumarkt besitzt einige bedeutende Sehenswürdigkeiten wie die *Festung* (16. Jh.), das historische *Kunstmuseum (Palatul Culturii, Strada Enescu 2, Di–Fr 10–16 Uhr, Sa, So 9–13 Uhr),* im Sezessionsstil mit bunten Mosaik-

außenverzierungen, prächtigem Spiegelsaal, Keramik, Malerei, Plastiken und vor allem die *Reformierte Kirche* (14.–15. Jh.). *130 km Richtung Norden*

TIMIŞOARA (TEMESWAR)

[120 B2] Diese Stadt hat in ihrer nur kurzen Geschichte viel erlebt. Im 18. Jh. wurde sie von den damaligen österreichischen Herrschern als Garnisonsstadt gegründet. Böse Zungen behaupten, dass damals durch Ansiedlung leichter Mädchen aus Wien dafür gesorgt wurde, dass es in Temeswar nicht nur Soldaten, sondern auch weibliche Bevölkerung gab. (Die wenigen noch übrig gebliebenen Temeswarer Deutschen sprechen in der Tat einen wienerisch gefärbten Dialekt). Ähnlich wie Wien und Budapest, nur kleiner, ist Temeswar nach dem Ringstraßenmuster gegliedert. Einzelne Viertel nannten sich früher Josephstadt und Elisabethstadt. Jahrhundertelang war Temeswar Hauptstadt des Banats, geprägt von kosmopolitischer Toleranz. Ein Völkergemisch aus Deutschen, Rumänen, Ungarn, Serben und Juden bestimmte die Atmosphäre, noch heute sprechen nicht wenige Temeswarer mindestens drei dieser Sprachen fließend. Ob dies auch auf den berühmtesten Sohn der Stadt, Jonny Weissmüller, zutraf, ist nicht überliefert. Der erste Tarzan-Darsteller erblickte das Licht der Welt im banatschwäbischen Freidorf, heute ein Stadtteil von Temeswar, und übersiedelte als junger Mann nach Amerika. 1989 war die Stadt der

Ausgangspunkt der rumänischen Revolution, bei der Diktator Ceauşescu gestürzt wurde.

Temeswar ist ein bevorzugter Investitionsstandort westlicher Firmen in Rumänien, besonders im Computer- und Telekommunikationsbereich. Optimisten sprechen – ein wenig übertrieben – von einem rumänischen Silicon-Valley.

SEHENSWERTES

Altes Rathaus (Primăria Veche)
Schönes Barockgebäude, 1731 bis 1734 errichtet. *Piaţa Libertăţii*

Hunyaden-Schloss (Castelul Huniazilor)
Der ungarische König Karl Robert von Anjou (1308–1342) hatte 1316 vorübergehend seine Residenz in die alte Festung von Temeswar verlegt. Nachdem sie von einem Erdbeben schwer beschädigt wurde, baute sie der ungarische Heerführer Janos Hunyadi als Burg gegen die Türken aus.

Die Osmanen nahmen Temeswar trotzdem 1552 ein. Es wurde erst 1716 von Prinz Eugen befreit – und von den Österreichern besetzt. Von der alten Festung ist leider nicht mehr viel zu sehen. In ihren Gewölben wurde ein Restaurant und ein Café eingerichtet. *Piaţa Ion Huniade*

Piaţa Unirii
Dieser beschauliche Ort der Altstadt wurde früher Domplatz genannt und bietet Wiener Barock pur: vom dominierenden römisch-katholischen Dom mit einer Dreifaltigkeitssäule davor bis hin zu den ihn umgebenden einstigen Verwaltungsgebäuden.

Piaţa Victoriei
★ Hier war eines der Haupt-Kampfgebiete während der 1989er Revolte gegen Ceauşescu. Auf den Stufen der rumänisch-orthodoxen Kathedrale am südlichen Ende des Platzes kam eine Gruppe von Kindern ums Leben, erschossen von Securitate-Truppen. Vom Balkon des Theater- und Opernhauses gegenüber, am Nordende, hielten die Revolutionäre flammende Reden. Zwischen der Oper und der Kathedrale erstreckt sich der längliche Platz, eine Fußgängerzone, die eher einem k.u.k. Korso ähnelt und früher Lloyd-Zeile genannt wurde. Dort flanieren Sie vorbei an einer Vielfalt von Baustilen – Wiener Sezession, byzantinischer und rumänischer Brâncoveanu-Stil – und lassen sich dann eventuell im schönen Restaurant Lloyd gegenüber der Oper nieder.

Prinz-Eugen-Haus (Lasa Eugen de Savoya)
1717 erbautes Barockhaus, in dem Prinz Eugen gewohnt haben soll. *Strada Ceahläu 24*

Römisch-katholische Kathedrale
Sehr große Domkirche (1736 bis 1754) mit spätbarocker, zweitürmiger Fassade. *Piaţa Unirii*

Stadtbefestigung
Nur noch zwei Basteien sind von der alten Wehranlage übrig. *Strada Brediceanu*

MUSEUM

Regionalmuseum (Muzeul Banatului)
Die Laterne vor dem Museum erinnert daran, dass Temesvar 1884

Ferien auf dem Bauernhof

Privatquartiere in Rumänien

Langsam, aber doch deutlich erschließen sich neue touristische Zugänge in Rumänien. Antrec, der 1994 gegründete rumänische Verein für ländlichen und ökologischen Kulturtourimus, vermittelt Zimmer bei rumänischen Bauern und in kleinen privaten Pensionen. Sie können mit der ganzen Familie Ferien auf dem Bauernhof machen, mit frisch gemolkener Milch und Eiern von glücklichen Hühnern zum Frühstück, die Natur erleben, direkten Kontakt zu Menschen bekommen, in jedem Fall aber die tristen Grandhotels vermeiden. Die Antrec-Zentrale ist in der *Strada Maica Alexandra 7* in Bukarest, *Tel./Fax 021/223 70 24, www.antrec.ro.*

die erste elektrische Stadtbeleuchtung Europas bekam. Das Muzeul Banatului erzählt die Geschichte des Banats. *Piaţa Ion Huniade 1 (im Hunyaden-Schloss) Di–So 9 bis 17 Uhr*

ESSEN & TRINKEN ÜBERNACHTEN

Continental-Cornel
Hotelkasten mit Restaurant, Bar, Schwimmbad und Kegelbahn. *166 Zi., Bd. Revoluţiei 2, Tel. 0256/ 19 41 44, Fax 13 04 81, €€*

Hotel International
Hinter diesem eher unauffälligen 70er-Jahre Bauwerk verbirgt sich jüngere Geschichte: Es war die Temeswarer Residenz des Ehepaares Ceauşescu. Für 80 Euro pro Nacht mit Frühstück kann man hier im braun gehaltenen Drei-Zimmer-Apartment von Nicolae Ceauşescu wohnen oder im weiß möblierten Pendant seiner Frau Elena. Wer fürchtet, dass dieser historische Hintergrund zu nächtlichen Alb-

träumen führt oder wem es vor den scheußlichen geschnitzten Fürstenfiguren in Ceauşescus Esszimmer graust, kann auch eines der übrigen 9 Zimmer wählen, die wohl für das Personal gedacht waren. *Strada Diaconovici Loga 48, Tel. 0256/ 19 93 39, Fax 19 01 94, €€*

Perla-Hotels
Moderner Komplex aus drei komfortablen, ruhigen Hotels in der Elisabethstadt. *81 Zi., Strada Oltul 11, Tel./Fax 0256/19 52 01; Strada Turgheniev 9, Tel./Fax 0256/ 19 52 03; Strada Păltiniş 14, Tel./ Fax 0256/19 78 58, € – €€*

AM ABEND

Das Kneipenleben in Temeswar pulsiert vor allem in der warmen Jahreszeit auf der Lloyd-Zeile (Piaţa Victoriei) mit zahlreichen Bierterrassen. Das populärste Lokal ist die *Violeta Bar* am südlichen Ende des Platzes. Rund um die Uhr geöffnet ist das teure *Irish Pub (Strada Ungureanu 9)*. Zum Tanzen trifft man sich vor allem in der *Disco Park (Bd. Mihai Viteazul 1, Di–So, 22–4 Uhr)* oder im *Kulturhaus der Studenten (Casa de Cultură a Studenților, Bd. Tinereții 9).*

AUSKUNFT

Agenția Banat
Strada 1. Mai 2, im Hotel Timișoara, Tel. 0256/19 88 62, Fax 19 19 13

ZIELE IN DER UMGEBUNG

Arad [120 B1]
Zweitgrößte Stadt des Banats (194 000 Ew.), geplagt vom Durchgangsverkehr. Die wichtigsten Sehenswürdigkeiten sind die *Serbische Kirche* aus dem 18. Jh. und eine *Kathedrale* aus dem 17. Jh. Im *Kulturpalast* beherbergt die Stadt Philharmonie und Stadtbibliothek. *53 km Richtung Nordosten*

Csatád (Lenauheim) [120 B1–2]
Früher hieß der Ort Csatád, seit langem schon nennt er sich nach seinem bekanntesten Sohn: Das beschauliche Dorf ist die Heimat des Dichters Nikolaus Lenau (1802–1850), der

neben George Byron und Giacomo Leopardi ein klassischer Lyriker des Weltschmerzes war. *20 km Richtung Nordwesten*

Lipova [120 B–C1] *Inside Tipp*
Das verschlafene Städtchen spiegelt seine österreichisch-ungarische Vergangenheit perfekt wider. Fast alle Gebäude sind im k. u. k. Stil verziert. Etwas außerhalb liegen das verträumte *Bad* (Băile Lipova) sowie das *Dominikanerkloster Maria Radna,* der einzige Wallfahrtsort im Banat. Ziel zahlreicher Pilger ist das wundertätige Marien-Altarbild. *60 km Richtung Nordosten*

Sarmizegetusa [121 D2]
Dieser Ortsname ist ein Zungenbrecher, aber auch was man da zu sehen bekommt, hat es in sich: Ruinen einer angeblichen Römerfestung, gebaut auf den Fundamenten einer vermeintlich dakischen Festung, von der aus der Dakerkönig Decebal regiert haben soll – bis ihn der römische Kaiser Trajan 106 n. Chr. besiegte. Die historischen Fakten sind unklar, die steinernen Reste aber traumhaft: Auf der Landstraße von Caransebeș ostwärts Richtung Hațeg, in einer

Arads historische Substanz (Rathaus) leidet am Durchgangsverkehr

sanften, grünen Hügellandschaft, taucht plötzlich am Wegesrand das so genannte Ruinenfeld auf, nur halb umzäunt, daneben weidende Ziegen, gackernde Hühner, Stille. Kaum ein Tourist verirrt sich hierher. Das Maschendraht-Gittertor davor ist reine Formalie, man kann es jederzeit öffnen und ohne Eintrittsgeld hinein und dann auf dem unkrautdurchwachsenen Amphitheater herumklettern. Weitere Mauerreste bezeichnen Grundrisse von Tempeln und einem Forum Romanum, auch Spuren einer antik wirkenden Wasserleitung sind da. Das Gemäuer besteht aus Riesen-Kieselsteinen, so wie man sie am nahen Bach findet, aber auch als Bestandteil der Zäune an den angrenzenden Bauernhöfen. Ob das steinige Baumaterial für die Bauernhofzäune aus dem Bach oder aus dem Ruinenfeld kommt, bleibt ein Geheimnis. *150 km Richtung Südosten*

Secul-Stausee [120 B–C2]

10 km von der wenig interessanten Stadt Reşiţa entfernt liegt der Stausee Secul im Banater Gebirge. Eine hübsche Gegend mit einem angenehmen Erholungszentrum. Es gibt ein Hotel, einen Campingplatz, eine Weinstube und das Restaurant *Şura Ortacilor (Tel. 0255/22 30 90, €)*, in dem Banater Spezialitäten serviert werden.

Weiter östlich grüßt der Karpatengipfel *Peleaga,* mit 2511 m der zweithöchste Berg Rumäniens, inmitten des berühmten, 200 km^2 großen Naturparks Retezat in der gleichnamigen Gebirgsregion: eine wilde, zerklüftete Landschaft mit rund 100 Hochgebirgsseen und den allgegenwärtigen Bären. *120 km Richtung Süden*

Vinga [120 B1]

Eines der bulgarischen Dörfer im Banat, zwischen Timişoara und Arad gelegen. Die römisch-katholische Bevölkerung hat sich eine große *Kirche* gebaut, ein merkwürdig anmutender Anblick inmitten der kleinen Bauernhäuser. *30 km Richtung Norden*

Westkarpaten [116–117 C–D 3–5]

Kenner behaupten, dass die Westkarpaten der schönste Gebirgsteil des Landes seien. Sicher ist, dass sie wunderschön einsam sind. Die Berge haben nicht so dramatisch-wilde Massive wie in den Südkarpaten, die Landschaft erscheint stiller, gemäßigter. Besonders empfehlenswert ist der Naturpark im *Apuseni-Gebirge* mit seinen hübschen Gebirgsdörfern, einer unverbauten Natur, idyllischen Tälern (wie das des Arieş-Flusses), über 20 Wasserfällen, Karstquellen und springbrunnenartigen Quellen. Die Westkarpaten sind auch das »Motzenland«, benannt nach den bezopften, so knorrigen wie gastfreundlichen Gebirgsbauern.

Drei Höhlen im Raum Beiuş sollten Sie auf jeden Fall besichtigen: die *Bärenhöhle* (Peştera Urşilor), in der Wissenschaftler Skelette von eiszeitlichen Höhlenbären gefunden haben; die *Meziad-Höhle,* eine gigantische Tropfsteinhöhle bei Meziad, sowie die ★ *Eishöhle* (Scărişoara) bei Nucet. Letztere ist eine der bekanntesten Sehenswürdigkeiten Rumäniens: Unterirdische Eiszapfen türmen sich wie Alabasterskulpturen in die Höhe. Der zweitgrößte unterirdische Gletscher (7500 m^3) verbirgt sich hier. Auch im Sommer warm anziehen, in der Höhle ist es eiskalt!

Das Herzstück des Landes

Daker, Römer, Walachen, Türken, Kommunisten – sie alle hinterließen ihre Spuren

V on allen 4 großen Provinzen ist die Walachei mit Sicherheit die rumänischste. Sie gilt als die historische und soziale Kernzelle des Landes. Walachische Fürsten wurden zu großen historischen Figuren, waren zu allen Zeiten Leitbilder des rumänischen Nationalbewusstseins. Auf Rumänisch heißt das Land zwischen Karpaten und Donau »Țara Românească«, rumänisches Land.

Der deutsche Begriff Walachei kommt allerdings aus dem Slawischen und bezeichnet die ethnischen Rumänen. Bevor die Walachei als Staatsgebilde existierte, stand sie unter dem Einfluss asiatischer Wandervölker. Ab 1300 gab es die Region als Fürstentum, das sich gleich in die Abwehrkämpfe gegen die expandierenden Türken verwickelt sah.

Im Kampf gegen die Türken taten sich im 15. und 16. Jh. vor allem der als Dracula in die Weltliteratur eingegangene Fürst Vlad Țepeș hervor sowie Fürst Mihai Viteazul (Michael der Tapfere). Sie konnten die Türken aber nicht vertreiben. Diese behielten ihre Vorherr-

Der Fluss Dâmbovița strömt vor opulenten Bankgebäuden dahin

Bahnhofskuppel von Băile Herculane

schaft bis ins frühe 19. Jh. hinein, waren aber tolerant genug, eine eigenständige Entwicklung der rumänischen Kultur zu dulden, wie zum Beispiel in der Blütezeit im 17. Jh. unter der Herrschaft der Fürsten Matei Basarab, Şerban Cantacuzino und Constantin Brâncoveanu. Letzterer wurde allerdings aufmüpfig und deshalb von den Türken hingerichtet. Danach regierten vorwiegend griechische Adlige als Statthalter der Osmanen. Sie stammten aus dem damaligen Istanbuler Griechenviertel Fanar und wurden deshalb »Fanarioten« genannt.

1829 wurde die Walachei zum russischen Protektorat. Erst 1856 wurde dieses neue Joch abgeschüttelt und das unabhängige Fürstentum Walachei anerkannt. Die heutige Walachei, eine große Ebene, be-

Erholung unterm Nussbaum

**Bukarest schlaucht,
aber man kann sich auch entspannen**

Bukarest ist leider eine anstrengende Stadt. Vor allem im Sommer ist es unerträglich heiß und staubig. Ideal für eine Besichtigung sind die Monate April, Mai, September und Oktober, wenn das Klima sanft ist. Zwar hat sich eine Kaffeehauskultur nicht entwickelt, doch gibt es zum Entspannen immer mehr kleine, gemütliche Gartenrestaurants unter Nussbäumen oder Weinlaub, wo die Leute beim Bier oder »Sprit« (Weißwein mit Mineralwasser) zusammensitzen. Die nettesten Lokale finden sich in dem Villenviertel zwischen Bulevardul Dacia **[U D–F1]** und Bulevardul Carol **[U E–F3]**.

steht aus zwei Teilen: Westlich des Flusses Olt liegt die Oltenia, östlich die Muntenia mit der Landeshauptstadt Bukarest.

BUKAREST

 Karte in der hinteren Umschlagklappe

[122 B4] Man hat die Hauptstadt Rumäniens (2,3 Mio. Ew.) oft als »Paris des Ostens« bezeichnet. Das war einmal und wird vielleicht mal wieder so sein. Der Sage nach bekam Bukarest (Bucureşti) seinen Namen vom Hirten Bucur (*bucuros* heißt fröhlich), der sich hier am Flüsschen Dâmboviţa niedergelassen haben soll. Der Name tauchte zum ersten Mal 1459 in einer Urkunde des Fürsten Vlad Ţepeş auf. 1465 wurde Bukarest Winterresidenz der Walachei, 1659 dann endgültig ihre Hauptstadt.

Dennoch wurde die Stadt, ursprünglich ein Handels- und Verkehrsknotenpunkt, erst gegen Ende des 19. Jhs. zur politischen Machtzentrale. Damals herrschte der

deutsche Adlige Karl von Hohenzollern-Sigmaringen als König Carol I. über die vereinigten Fürstentümer Moldau und Walachei, seine Nachkommen Ferdinand I., Carol II. und Mihai I. regierten bis zur Machtergreifung der Kommunisten. Größte Erschütterungen, die das Stadtbild beeinträchtigten, waren 1944 die Bombenangriffe der Alliierten, das Erdbeben von 1977 und die Abrissmaßnahmen Ceauşescus in den 80er-Jahren.

Die Metropole erhielt ihr städtebauliches Bild weit gehend Anfang des 20. Jhs. Dabei haben sich die Architekten in der Tat stark an Paris orientiert. Und wie die Pariser gelten auch die Bukarester als leicht überheblich. Die Stadt kann mit Bus, U-Bahn und Taxi besichtigt werden. Zahlreiche Einwohner sprechen Französisch und Englisch.

SEHENSWERTES

Bellu-Friedhof **[0]**
Interessante Grabmäler machen den Bellu-Friedhof zu einem Frei-

lichtmuseum der Bildhauerkunst. *Şos. Olteniţei*

Biserica Curtea Veche [U E4–5]

Die älteste Kirche von Bukarest ist Teil des Fürstenhofes aus dem 16. Jh., von dem allerdings nur noch Ruinen übrig sind. Fürst Constantin Brâncoveanu hatte 1678 die Macht übernommen und die Kirche in dem nach ihm benannten Stil bauen lassen. Ihr Grundriss hat die Form eines Kleeblatts. *Strada Iuliu Maniu 33*

Grab von Ceauşescu [0]

Insider Tipp

Das 1989 nach einem umstrittenen Prozess hingerichtete Ehepaar Ceauşescu wurde auf dem Bukarester Ghencea-Friedhof begraben, ganz in der Nähe des Haupteingangs am Bulevardul Ghencea. Kurioserweise trägt Nicolae Ceauşescus Grab ein Kreuz und einen roten kommunistischen Stern mit Ham-

mer und Sichel. Während zu seinem Grab immer wieder kleine Gruppen von Nostalgikern pilgern, bleibt das etwas weiter abseits gelegene Grab seiner Frau Elena unbeachtet.

Herăstrău-Park [0]

Größter Park Bukarests (187 ha) mit zwei großen Seen. Regattaveranstaltungen, Ruder- und Tretbootverleih. Kinderspielplatz mit Riesenrad. In diesem Park befindet sich auch das Dorfmuseum. *Şos. Kisseleff, im Norden der Stadt*

Palatul Parlamentului [U B–C5]

★ Nicht dass der Ceauşescu-Palast, heute Sitz des Parlaments, von einer erlesenen Schönheit wäre, doch seine Monstrosität, seine Gigantomanie sind so überwältigend, dass man ihn gesehen haben sollte. Dieses Viertel wird die Bukarester noch lange an den Größenwahn Ceauşescus erinnern. Ein Teil der Altstadt fiel

---

MARCO POLO Highlights
»Bukarest und Walachei«

★ **Curtea de Argeş**
Die alte Fürstenstadt – Ambiente wie im byzantinischen Mittelalter (Seite 59)

★ **Geschichtsmuseum**
Golden glitzert es in der Schatzkammer der Walachen (Seite 55)

★ **Hanul lui Manuc**
Das schönste Hotel – man wohnt und isst auf historischem Boden (Seite 57)

★ **Brâncuşi-Park**
Vier beeindruckende, wichtige Objekte des berühmten Bildhauers in seiner Geburtsstadt Târgu Jiu (Seite 61)

★ **Dorf- und Volksmuseum**
Der ganze Zauber des alten Rumäniens in einem idealen Dorf (Seite 55)

★ **Palatul Parlamentului**
Gigantisches Monument des Größenwahns – ein Anblick zum Schaudern (Seite 53)

Mitte der 1980er-Jahre dem Bau des Palastes zum Opfer. Die Dimension des Gebäudes (nach dem Pentagon in Washington das zweitgrößte der Welt) sollte alles in Europa übertreffen. Sämtliche Organe des Staates – Parlament, Regierung, Ministerien – sollten in ihm untergebracht werden. Ein Hügel wurde künstlich aufgeschüttet, damit Ceauşescu auf seine Untertanen herabschauen konnte. An der Prachtallee mit Springbrunnen auf dem Mittelstreifen wurden riesige Luxusblocks für Ministerialbürokratie und Geheimdienstleute errichtet. Ein unterirdisches Bunkersystem vernetzte die Gesamtanlage, in dem sogar ein unterirdischer »Spazierweg« für Ceauşescu angelegt wurde.

Der Palast (Kosten: 3,5 Mia. Dollar) selbst hat eine Wohn- und Bürofläche von 450 000 m^2. In ihm gibt es über 7000 Räume und Prachtsäle, in denen jetzt neben Parlament und Senat das Verfassungsgericht und andere Behörden untergebracht sind. *Bd. Unirii*

Palatul Patriarhia [U D6]

Auf einem  Hügel über der Stadt wurde 1654–1658 das ehemalige Kloster gebaut, später Sitz des Metropoliten der orthodoxen Kirche Rumäniens. Die Klosterkirche weihte man 1688 zur Kathedrale: mit ihren 4 Türmen und der wertvollen Inneneinrichtung (Ikonen, Wandmalereien, Reliquien des hl. Demetrius) besonders sehenswert. Hier wurde 1881 Carol I., der erste rumänische König, gekrönt. Auf dem Gelände befindet sich auch heute noch der Sitz der Patriarchie. Vom Hügel hat man an smogfreien Tagen eine schöne Aussicht auf Bukarest. *Dealul Patriarhiei*

Palatul Regal [U D3]

Das Schloss wurde 1937 gebaut und war bis 1947 Residenz des Königs, später des Staatsrates. Heute ist dort das Nationale Kunstmuseum untergebracht. Zur Jahrtausendwende konnte das Gebäude renoviert werden. *Piaţa Revoluţiei*

Ceauşescu-Palast im Volksmund: Haus des Sieges über das Volk

Parcul Cişmigiu [U C3]

Die schönste Parkanlage der Stadt entstand 1810 – mit einem kleinen Weiher. Hier wurde damals zur Entenjagd gerufen. *Bd. M. Kogălniceanu*

Piaţa Revoluţiei [U D2]

Auf diesem Platz spielten sich 1989 die Höhepunkte der rumänischen Dezemberrevolution ab.

Plumbuita-Kloster [O]

Abtei aus dem Jahr 1562. 1580 wurde hier das erste Buch von Bukarest gedruckt. *Şos. Colentina*

Pressehaus (Casa Presei) [O]

Riesiges Gebäude, in dem während des Ceauşescu-Regimes Presse, Rundfunk und Fernsehen untergebracht waren. Heute residieren hier die meisten rumänischen Zeitungen und Verlage, auch die in deutscher Sprache. *Piaţa Presei Libere*

Stavropoleos-Kirche [U D4]

Insider Tipp

Die wohl schönste Kirche der Stadt, erbaut als Kapelle eines Gasthofs. Der griechische Mönch Ioanichie hat sie im 18. Jh. gestiftet. Er wurde später Patriarch von Stavropolis bei Saloniki. Vorhalle mit reichem floralem Ornamentschmuck, auch kostbare Schnitzereien in den Portaltüren. Im Innern eine holzgeschnitzte Ikonostase im Brâncoveanu-Stil. *Strada Poştei 6*

Triumphbogen [O]

1935/36 wurde das Bauwerk zum Ruhm der rumänischen Armee des Ersten Weltkriegs errichtet. Sein Vorbild ist der Pariser Arc de Triomphe. Im Rund des Torbogens sind die Wappen der rumänischen Provinzen zu sehen. *Şos. Kisseleff*

Universität [U D–E3]

Die ersten Universitätsgebäude errichtete man 1857 im Zentrum der Stadt. Heute sind hier nur einige Fakultäten untergebracht, der überwiegende Teil ist über die ganze Stadt verstreut.

Der kleine Vorplatz trägt eingedenk der blutigen Ereignisse während der Revolutionen von Peking und Bukarest den Beinamen »Tien An Men-Platz II«. Er wurde zur »Zonă liberă de neo-Communism« erklärt, zur freien Zone für den Neokommunismus. Früher war dies der lebhafte Diskutantenplatz der Stadt. *Bd. Bălcescu*

MUSEEN

Dorf- und Volksmuseum (Muzeul Satului) [O]

★ Seit 1936 das schönste Freiluftmuseum des Landes. Ein eng bebautes Dorf mit rund 300 Originalbauten, aus allen Teilen Rumäniens, darunter Bauernhäuser, Kirchen und Mühlen. Im Norden der Stadt. *April–Sept. Mo 9–17, Di–So 9–20, Okt.–März tgl. 9 bis 17 Uhr; Şos. Kisseleff 28*

Geschichtsmuseum [U D4]

★ In einem klassizistischen Palais, der früheren Hauptpost, untergebracht. Die Ausstellung des *Muzeul National de Istorie* zeigt beispielsweise einen Abguss der 40 m hohen Trajansäule, die in einzelne Teile zerlegt wurde, um die Säulenreliefs besser betrachten zu können. Das Original steht in Rom. Im Keller befindet sich die Schatzkammer, in der auch die goldene Krone des Fürsten Constantin Brâncoveanu aufbewahrt wird. *Di–So 9–17 Uhr; Calea Victoriei 12*

Museum des rumänischen Bauern (Muzeul Tăranului Român) [O]

Gezeigt werden Bauerntrachten und bäuerliches Kunsthandwerk. *Calea Victoriei, Di–So 10–18 Uhr*

Museum für Volkskunst [O]

Der Arzt und Sammler Dr. Mina Minovici (1868–1941) hat der Stadt 1936 das *Muzeul de Artă Apuseana*, einen Prachtbau von 1905, samt seiner Sammlung von über 5000 Volkskunstgegenständen überlassen. *Di bis So 9–17 Uhr, Strada Minovici*

Nationales Kunstmuseum [U D2–3]

Nationalgalerie im früheren Schloss mit über 70 000 Exponaten. Das *Muzeul National de Artă* zeigt Meisterwerke der rumänischen Malerei vom 10. Jh. bis zur Moderne. *Di–So 9–17 Uhr, Palatul Regal, Strada Ştirbei Vodă*

Naturgeschichtliches Museum (Grigore Antipa) [O]

Sehenswert ist die umfangreiche Schmetterlingssammlung. *Di–So 10–17 Uhr, Piaţa Victoriei*

ESSEN & TRINKEN

Carul cu Bere [U D4] Inside Tipp

Schönes Lokal mit dunklen Holzbalken und bemalten Glasscheiben. Bukarester Küche. *Schräg gegenüber der Stavropoleos-Kirche, Tel. 021/313 75 60, €*

Doina [O]

Traditionslokal mit vielen rumänischen Spezialitäten im Kisseleff-Park. *Şos. Kisseleff 4, Tel. 021/222 67 17, €€€*

La Cocoşatu' Inside Tipp

Hier bekommt man angeblich die saftigsten *mititei* (längliche, gegrillte Hackfleischfrikadellen), aber natürlich auch andere rumänische Spezialitäten. Seinen Namen (»Beim Buckligen«) hat das Lokal vom Küchenchef, weil er ständig mit gebeugtem Rücken vor dem Grill steht und das brutzelnde Fleisch beaufsichtigt. *Strada Neagoe Vodă 52, Tel. 021/232 87 96, €*

La Gogoşaru [O]

Das blitzsaubere Lokal mit gepflegter rumänischer Küche diente be-

Auf den Hund gekommen

Tausende herrenlose Hunde streunen auf den Straßen Bukarests

Und sie verteidigen ihr Revier manchmal aggressiv. Die Anzahl der Opfer von Hundeattacken ging dank massiver Aktionen der Stadtverwaltung um zwei Drittel zurück, doch immer noch werden im Durchschnitt täglich 25 bis 30 Passanten von ihnen gebissen! Wegen Tollwutgefahr müssen sich Verletzte im Krankenhaus behandeln lassen. Wehren Sie sich mit autoritärem Auftreten oder mit einem Stock – viele Bukarester allerdings lieben diese Hunderudel und füttern sie.

reits im Jahr 1884 den Fuhrleuten als Jausenstation. Es liegt inmitten eines typischen früheren Vorstadtviertels mit seinen ländlich wirkenden, weinlaubumkränzten Gehöften – genau da, wo die Abrissbirne des Direktors Ceaușescu rein zufällig Halt gemacht hat, denn ringsherum stehen schauderhafte moderne Mietskasernen. Im Sommer isst man auf der teilweise beschatteten Terrasse. Unbedingt Plätze reservieren. *Strada Turda 53, Tel. 021/222 30 68,* €

EINKAUFEN

Amzei-Markt [U D2]

Täglicher grüner Markt der Bauern aus den umliegenden Dörfern mit Paprika, Kürbissen, Zwiebeln, Knoblauch und Obst.

Originelles Mitbringsel: der gelbliche, geknetete und würzige Schafskäse *burduf,* der am Amzei-Markt im Käsesektor, aber auch in den Feinkostgeschäften drumherum angeboten wird – und zwar eingepackt in Tannenrinde! Er ist zwei Tage ohne Kühlung haltbar. Fragen Sie nach *brânza de burduf în coajă de brad* (gesprochen: brünsö dä burduff ün koaschö dä bradd).

Lipscani-Viertel [U D4]

Teilweise geht es in dieser Straße und ihren Seitengassen zu wie auf einem orientalischen Basar. Rund um den alten Fürstenhof, der bis ins 18. Jh. hinein bewohnt war, hatten sich schon früh Händler und Handwerker niedergelassen. Ein Laden reiht sich an den anderen. Strada Lipscani heißt Leipziger Straße – einst verkauften hier Siebenbürger Waren aus dem fernen Leipzig.

ÜBERNACHTEN

Athenee Palace Hilton [U D2]

Renoviertes Art-déco-Gebäude gegenüber dem ehemaligen Königspalast – das wohl teuerste Hotel in ganz Rumänien. Hier schliefen schon Shirley Temple, Yehudi Menuhin und Jean Paul Belmondo. *272 Zi., Calea Victoriei, Tel. 021/ 303 37 77, Fax 315 21 21, hilton @hilton.com,* €€€

București [U D2]

Das Hotel hat die Eleganz der Funktionärsherrlichkeit aus den 1960er-Jahren. Mit Restaurant und American Bar. *465 Zi., Calea Victoriei 63–81, Tel. 021/312 70 70, Fax 312 09 27,* €€€

Continental [U D3]

Renoviertes Haus mit Prachtfassade. Vier-Sterne-Komfort. *53 Zi., Calea Victoriei 56, Sector 1, Tel. 021/314 53 48 und 312 01 32, Fax 312 01 34, continen@kappa. ro,* €€€

Hanul lui Manuc [U E5]

★ Vermutlich das schönste Hotel der Stadt – in einer ehemaligen Karawanserei gegenüber dem alten Fürstenhof gelegen. 1808 vom Armenier Manucbey als Herberge errichtet. 1812 wurde hier der Friedensvertrag zwischen der Türkei und Russland unterzeichnet. Das zweigeschossige Haus ist um einen quadratischen Innenhof angeordnet. Die mit Biedermeier- oder Bauernmöbeln ausgestatteten Zimmer befinden sich an den Laufgängen der Galerie. Restaurant, im Sommer auch ein Biergarten im Hof. *32 Zi., Strada J. Maniu 62–64, Tel. 021/313 14 15, Fax 312 28 11,* € – €€

Klassizistisches Athenäum

Intercontinental [U E3]

Gigantisches Hochhaus am National-theater. Internationales Publikum, wer sonst in Bukarest könnte mehr als 200 Dollar für eine Nacht im Einzelzimmer bezahlen? Restaurants und Bars, Schwimmbad und Sauna. *423 Zi., Bd. N. Bălcescu 4, Tel. 021/310 20 20, Fax 312 04 86, inter@starnets.ro, www.interconti. com, €€€*

Sofitel [0]

Hotel der Luxusklasse mit Restaurant, Bar, Nightclub. *203 Zi., Bd. Expoziţiei 2, Tel.021/224 30 00, Fax 224 25 50, business@sofitel. net.ro, €€€*

Triumf [0]

Ehemaliges Gästehaus des ZK, heute ruhiges vierstöckiges Hotel, komfortable Zimmer. Passables Restaurant. *100 Zi., Şos. Kisseleff 12, Sector 1, Tel. 021/222 31 72, Fax 223 24 11, € – €€*

AM ABEND

Athenäum
(Ateneul Român) [U D2]

Konzerthaus (1885–1888), in dem die Prominenz der internationalen Musikwelt gastiert, Sitz der Staatlichen Philharmonie »George Enescu«. *Strada C. Exarhul 2*

Cinecafé [U D4]

🏃 Cafébar mit Jazz und Blues, gehört zu einem Kinosaal, in dem ausschließlich alte Filme laufen. Bohemetreff. *Do–Sa ab 20.30 Uhr, Strada Eforie 2*

Rumänische Staatsoper
(Opera Româniă) [U A3]

Klassisches Repertoire. Interessant sind Aufführungen des rumänischen Komponisten George Enescu. *Strada M. Kogălniceanu 70, Tel. 021/313 18 57*

Staatszirkus Globus [0]

Mehr Revue als Zirkus, in einem interessanten Kuppelbau präsentiert. Abwechslungsreiches Artistenprogramm und Varieté. *Hinter dem Dinamo-Stadion*

Terrasse La Motoare/
Lăptăria lui Enache [U E3]

🏃 La Motoare ist ein schräger Treffpunkt für junge Leute im Sommer. Im Nationaltheater fährt man mit dem Lift in den vierten Stock und findet dort zwischen Betonwänden einen Biergarten unter freiem Himmel vor. Im August Freilichtkino ab 22 Uhr, projiziert wird an eine Betonwand. In *Enaches Molkerei* direkt daneben gibt es Milch, ansonsten vor allem Hochprozentiges zu trinken. Livekonzerte im Sommer. Künstler- und Journalistentreff. *Bd. Bălcescu 2*

Vox Maris International [0]

Größte Edeldisko der Stadt. *Ab 22 Uhr, Piaţa Victoriei, Tel. 021/ 311 19 94*

AUSKUNFT

O.N.T. Carpaţi SA. [0]

Bd. Magheru 7, 70165 Bukarest, Tel. 021/314 51 60, 314 11 38, Fax 312 25 94, www.bucaresti www.ro, http://rotravel.com/ counties/bucurest/index.htm

ZIELE IN DER UMGEBUNG

Băneasa-Wald [122 B4]

Das beliebteste Ausflugsziel der Bukarester. In dem Wäldchen liegt der Zoo der Stadt. *Bus Richtung Ploiesti, am nördlichen Stadtrand*

Căldăruşani [122 B4]

Der See umgibt drei Seiten des *Klosters,* das vom walachischen Fürsten Basarab erbaut wurde. Während des 18. und 19. Jhs. entwickelte sich die Abtei zum Zentrum der rumänischen Kirchenmalerei. Nicolae Grigorescu, ein bedeutender Künstler des Landes, hat als Lehrling die Kirche mit Ikonen und Fresken ausgeschmückt. Von ihm stammen die Szenen der »Heilungswunder Christi«. Das Kloster besitzt auch eine wertvolle Bibliothek. *15 km Richtung Norden*

Curtea de Argeş [121 F3]

★ Ein Städtchen wie ein Museum: Hier residierten im 14. Jh. die walachischen Fürsten. Aus dieser Zeit stammen die byzantinische *Fürstenkirche* (1352), das älteste Baudenkmal der Walachei, die *Bischofskirche,* die *Olari-* und die *Nicoară-Kirche* sowie der *Manole-Brunnen.* Vom *Fürstenhof,* 1330 bis 1430 Residenz der Walachei, sind nur noch Ruinen übrig. *150 km Richtung Nordwesten*

Goleşti [122 A3]

Ein Herrenhaus der Familie Golescu (17. Jh.) im kleinen Ort nördlich von Găesti. Hier kann man erleben, wie rumänische Adlige anno dazumal lebten. Der berühmteste Besitzer war der literarisch tätige Dinicu Golescu, der in diesem Anwesen auch die erste Dorfschule einrichtete. Die alten Schulräume sind zu besichtigen. *Di–So 9–17 Uhr.*

Insider Tipp

Horezu [121 E3]

Das befestigte Kloster aus dem 17. Jh. (westlich von Râmnicu Vâlcea) ist eines der schönsten Zeugnisse altrumänischer Baukunst. Der Ort selbst ist ein Zentrum für Keramik. *200 km Richtung Nordwesten*

Kloster Cernica [122 B4]

Malerisch gelegenes orthodoxes Kloster mit Kuppeltürmen am Cernica-See. *Ca. 3 km östlich Richtung Călărasi*

Mogoşoaia [122 B4]

Fürst Constantin Brâncoveanu, der die Walachei von 1688 bis 1714 regierte, hat dieses wunderschöne *Schloss* an einem romantischen See 1702 für einen seiner vier Söhne bauen lassen. Der junge Brâncoveanu sollte nichts von dem herrlichen Bauwerk haben – 1714 wurden alle vier Söhne vor den Augen des alten Fürsten in Konstantinopel von den Türken enthauptet. Danach kam der Vater unter das Schwert der Scharfrichters. Der Besitz der Familie wurde beschlagnahmt, das Palais geplündert. Erst 1842 stellte man es wieder her. Sehenswertes *Museum* mit Exponaten alter Druckkunst sowie einer Silbersammlung aus der fürstlichen Schatzkammer. *2 km nordwestlich Richtung Buftea*

Snagov [122 B4]

Herrlicher See in einem Naturschutzgebiet nördlich von Bukarest. Auf einer Insel steht das berühmte Kloster Snagov, das im 15. Jh. gebaut wurde und den walachischen Fürsten als Fluchtburg diente. Hier soll der Kopf des Dracula-Vorbilds Vlad Țepeș bestattet worden sein. Dracula-Verehrer Ceaușescu ließ auf der Insel ein ehemaliges königliches Sommerpalais zum Gästehaus der rumänischen Regierung umbauen. *15 km Richtung Norden*

Tîrgoviște [122 A4]

Vom 14. bis 16. Jh. war der Ort (85 000 Ew.) Hauptstadt der Walachei. Der *Fürstenpalast* wurde 1655 von den Türken zerstört und während der Regierungszeit von Brâncoveanu wieder neu aufgebaut. Lohnend ist der Aufstieg zum ◆ *Wachturm*. Guter Ausblick, auch auf die *Palastkirche* Biserica Domnească aus dem 16. Jh. Vor der Stadt erhebt sich auf einem Berg das *Kloster Dealului*, auch aus dem 16. Jh. In Tîrgoviște wurden am 25. Dez. 1989 der rumänische Diktator Nicolae Ceaușescu und seine

Frau Elena zum Tode verurteilt und erschossen. *80 km Richtung Nordwesten*

DROBETA-TURNU SEVERIN

[121 D4] Die mehr als zwei Jahrtausende alte Stadt an der Donau (90 000 Ew.) mit Hafen und Werft erlangte während des Kommunismus wirtschaftliche Bedeutung durch das nahe gelegene Wasserkraftwerk »Eisernes Tor«.

SEHENSWERTES

Brücke des Apollodor von Damaskus

Die Brücke stammt aus dem 1. Jh. n. Chr., der Herrschaft Kaiser Trajans. Dass die Brücke auf der Trajansäule in Rom abgebildet ist, beweist ihre große strategische Bedeutung. Heute nur noch Ruinen.

Castrum

Reste der römischen Festung Drobeta. Sie war das Basislager für römische Legionen, die ins Donautal verlegt wurden.

Rosenpark

Insider Tipp

Beliebtes Freizeitgelände der Stadt. Im Sommer blühen hier tatsächlich Tausende von Rosen. Ein Augenschmaus für Blumenfreunde.

MUSEUM

Stadtmuseum

Das *Muzeul Portilor de Frier* (Museum des Eisernen Tors) zeigt die Naturgeschichte der Donau, Archäologie, Volkskunde und ein Modell

Von der römischen Festung Castrum sind Ruinen freigelegt

der zerstörten Apollodor-Brücke. *Di–So 9–17 Uhr, Strada Independentei 2*

Parc-Continental

Hotel mit bestem Restaurant vor Ort, Terrasse mit Blick in den Park. *138 Zi., Bd. Carol 2, Tel. 0252/ 31 28 51, Fax 31 69 68, €€*

AUSKUNFT

Touristeninformation

Im Hotel Traian, Tel. 0252/ 21 70 46

ZIELE IN DER UMGEBUNG

Băile Herculane   [120 C3]

Das älteste Bad Rumäniens. Die römischen Soldaten Kaiser Trajans hatten die warmen, mineralhaltigen und radioaktiven Quellen im Cerna-Tal entdeckt. Das wohltuende Wasser gab den müden Kriegern Roms so viel Kraft, dass sie die Quellen »Zu den heiligen Wassern des Herkules« nannten. Getrunken ist das Wasser gut gegen Stoffwechselbeschwerden und Rheuma. *40 km Richtung Nordwesten*

Craiova   [121 E4]

Industriestadt (300 000 Ew.) am Jiul-Fluss. Die *Casa Bănia* sowie die *Dumitru-Kirche,* beide aus dem 16. Jh., sind besonders sehenswert. Das *Kunstmuseum (Di–So 9–17 Uhr)* stellt auch fünf Skulpturen des Bildhauers Constantin Brâncuşi aus. *110 km Richtung Südosten*

Târgu Jiu   [121 D3]

Heimatstadt des berühmten rumänischen Bildhauers Constantin Brâncuşi (1876–1957), dessen Skulpturen in nahezu allen großen Museen stehen. Obwohl der Künstler die meiste Zeit seines Lebens in Paris wohnte, schenkte er der Stadt zum Gedenken der Gefallenen des Ersten Weltkriegs vier Skulpturen, von denen drei im alten ★ Stadtpark stehen: »Tor des Kusses«, »Allee der Stühle« und »Tisch des Schweigens«. Die »Säule ohne Ende« erhebt sich auf der anderen Seite der Eisenbahnlinie. Im Stadtpark finden Sie das kleine *Brâncuşi-Museum (Di–So 9–17 Uhr). 80 km Richtung Nordosten*

Klöster im Freskenkleid

Nach viel prächtiger Kunst kann man sich an romantischen Bergseen erholen oder auf den »Olymp der Moldau« klettern

Die Moldau im Nordosten Rumäniens ist das kulturell interessanteste Gebiet einer Rumänienreise. Ihre einzigartigen Klöster stehen seit den 1960er-Jahren als Weltkulturgüter unter dem Schutz der Unesco. Innerhalb von nur 100 Jahren entstand hier im 15. und 16. Jh. eine Kunst, die einmalig auf der Welt ist. Vor allem unter dem moldauischen Fürsten Ştefan cel Mare, dem Großen (1457–1504), wurden die orthodoxen Abteien mit den herrlichen Außenfresken gebaut. Immer wenn der Fürst einen Sieg gegen die Türken errungen hatte, ließ er eine Kirche errichten. Er hat viele Schlachten gewonnen, und so entstanden 44 orthodoxe Gotteshäuser. Der Papst verlieh diesem tüchtigen Krieger den Titel »Athlet Christi«. Es hat politisch nicht viel genützt; 1538 musste sich die Moldau dem türkischen Diktat unterwerfen.

Warum aber malt man in einer klimatisch so rauen Gegend Gebäude so kunstvoll von außen an? Im ausklingenden Mittelalter pflegten

Aktives Mönchsleben in den Klöstern

Szenen aus dem Leben Christi am Nonnenkloster Moldoviţa

die Bauern die Gottesdienste an den Sonn- und Feiertagen gemeinsam mit ihren Feudalherren zu besuchen. Da die Kirchen relativ klein waren, musste das gemeine Volk draußen stehen. Die Außenwände der Kirchen wurden mit Heiligenbildern verziert. *Biblia pauperum,* Bibel der Armen, werden solche Darstellungen genannt. Es waren große Künstler am Werk, wenngleich ihre Namen im Laufe der Jahrhunderte vergessen wurden. Zwar blieben die Bilder nicht überall erhalten, doch bei 5 Klöstern strahlen sie in unglaublicher Farbintensität. Hinter das Geheimnis der Farb- und Putzmischung ist man bis heute nicht gekommen.

Ähnlich wie die Walachei wollte Ceauşescu diese ursprüngliche, ver-

Der Pferdewagen transportiert die Waren zum Markt

meintlich rückständige Landschaft mit einem gewaltigen Kraftakt in die Neuzeit katapultieren. Industriekomplexe wurden angesiedelt und alte Städte völlig umgebaut. Das sieht zwar alles größer, aber keinesfalls schöner aus.

IAȘI

[119 D3] Eine der wichtigsten Städte Rumäniens (334 400 Ew.). Iași wurde 1407 zum ersten Mal in einer Urkunde von Alexander dem Guten erwähnt, ab 1565 war es 300 Jahre lang die Metropole des Fürstentums Moldau. Erst nach der Vereinigung mit der Walachei im 19. Jh. verlor die Stadt an Bedeutung. Immerhin ist Iași seit 1860 Sitz der ältesten rumänischen Universität, immerhin residiert hier der orthodoxe Metropolit. Ein sakrales Zentrum ist der Ort mit seinen vielen schönen Kirchen geblieben.

SEHENSWERTES

Dosoftei-Haus
Moldawischer Profanbau aus dem 17. Jh., nach dem Metropoliten Dosoftei benannt, der in diesem Laubenhaus seine Druckerei hatte. *Piaţa Unirii*

Kirche der drei Hierarchen
Die Kirche der drei Hierarchen ist sicher das bemerkenswerteste Bauwerk der Stadt, ein ehemaliges Kloster. Fürst Vasile Lupu ließ sie von 1635 bis 1639 errichten. Die Fassade ist von einer Vielfalt von orientalischen, halbplastischen Ornamenten überzogen. Viele Male fiel die Kirche Kriegszerstörungen, Feuersbrünsten und Erdbeben zum Opfer. Aber jedes Mal wurde sie in ihrer ursprünglichen Form wieder aufgebaut. Besonders sehenswert sind die Portale in gotischen Torrahmen und die Kuppel. Im Kirchenschiff befinden sich die Gräber der drei Fürsten Alexan-

dru Ioan Cuza, Vasile Lupu und Dimitrie Cantemir. *Bd. Ştefan cel Mare*

Kloster Cetăţuia

Die Abtei von 1669 liegt auf einem Hügel oberhalb der Stadt. Die einzige Glocke der Kirche (17. Jh.) wurde in Danzig gegossen und mühsam an die Moldau gebracht.

Kloster Galata

Das Kloster auf dem Berg wurde 1584 gebaut und hat eine grausige jüngere Vergangenheit: Während des Zweiten Weltkriegs diente es als Internierungslager, zuerst für die rumänisch-deutschen Verbündeten, dann ab 1944 für die rumänisch-sowjetischen Alliierten. Noch heute sind die Namen der Gefangenen, die sie selbst in die Klostermauern ritzten, sichtbar. In der Eingangshalle der schlichten Kirche wurden damals viele Menschen erschossen.

Kulturpalast (Palatul Culturii)

Gigantisches Bauwerk, 1907 auf den Fundamenten des alten Fürstenpalastes errichtet. Der Stil entspricht einer Art Phantasiegotik, wie sie zu Beginn des 20. Jhs. in Mode war. *Piaţa Unirii*

Orthodoxe Kathedrale

Für einen orthodoxen Sakralbau ist die Kirche (19. Jh.) ungewöhnlich hell und großzügig. Von außen wirkt sie ziemlich überladen. *Bd. Ştefan cel Mare*

MUSEEN

Dosoftei-Museum

Ausstellung für alte Literatur im Haus des Metropoliten Dosoftei. *Mi–So 9–16 Uhr, Piaţa Unirii*

Kulturpalast-Museen

Gleich vier Ausstellungen sind im Kulturpalast untergebracht: für Geschichte, Kunst, Technik und Volkskunde. *Tgl. 9–17 Uhr*

Museum der drei Hierarchen

Insider Tipp

Wertvolle Kirchenschätze beherbergt das gotische Refektorium neben dem Gotteshaus. *Di–So 9 bis 17 Uhr, Bd. Ştefan cel Mare*

MARCO POLO Highlights »Moldau«

★ **Die 5 Moldau-Klöster**
Besuch der Klöster Arbore, Humor, Moldoviţa, Suceviţa und Voroneţ
(Seiten 69–71)

★ **Lacul Roşu**
Ein See im Gebirge, der einen ganzen Wald verschluckte
(Seite 67)

★ **Bicaz-Klamm**
Immer steiler und enger werden die Felsen an der Passstraße – ein Naturdenkmal ohnegleichen (Seite 67)

★ **Ceahlău-Massiv**
Der »Olymp der Moldau« bietet gute Wander- und Wintersportmöglichkeiten
(Seite 67)

ESSEN & TRINKEN ÜBERNACHTEN

Continental
Kleines Hotel in der Stadtmitte mit angeschlossenem Restaurant. Manche Zimmer haben kein eigenes Bad. Laut, aber sauber und sehr billig. *23 Zi., Strada Cuza Vodă 4, Tel. 0232/21 18 46,* €

Moldova
12 Etagen hat das große Haus mit Bar, Restaurant, Schwimmbad, Sauna. *152 Zi., Strada Anastasie Panu 29–31, Tel. 0232/26 02 40,* €

AM ABEND

Teatrul National
Iași hat die größte Theatertradition im Land. Hier fanden 1816 die ersten Aufführungen in rumänischer Sprache statt. Das heutige Nationaltheater (1896) wird mit seinen modernen Inszenierungen gut besucht. Besonders empfehlenswert ist jedoch eine Opernaufführung im Sala Mare, einem prächtigen Saal mit zwei Balkonreihen. *Kartentelefon 0232/11 51 08, Bd. Ștefan cel Mare*

AUSKUNFT

Reisebüro Icar Tour
In der Nähe der orthodoxen Kathedrale. *Strada Ștefan cel Mare 1, Tel. 0232/26 80 70, www.icar.ro*

PIATRA NEAMŢ

[118 B4] Die Planwirtschaft der Ceaușescus hat der angeblich rückständigen moldauischen Provinzstadt (120 000 Ew.) ein neues Gesicht verpasst: Wohnblocks statt gewachsener Architektur. Die alten Häuser wurden abgerissen. Dennoch bietet sich Piatra Neamţ als Stützpunkt an, weil es recht zentral liegt und einige Übernachtungsmöglichkeiten bietet.

SEHENSWERTES

Von der *Fürstenresidenz* sind nur noch die Ruinen in der nicht zu verfehlenden Stadtmitte zu sehen. *Sfântu Ioan* an der Piaţa Ştefan cel Mare wurde im 15. Jh. erbaut. Die Kirche ist das einzige Überbleibsel von der alten Stadt.

ESSEN & TRINKEN ÜBERNACHTEN

Bulevard
Hotel mit Restaurant, Schwimmbad, Sauna. *59 Zi., Bd. Republicii 38, Tel. 0233/23 50 10 oder 23 50 20,* €

Central
Bestes Haus am Platz mit Restaurant, Schwimmbad und Sauna. *132 Zi., Strada Petrodava 1–3, Tel. 0233/21 62 30, Fax 21 45 32,* €

AUSKUNFT

Agenţia Forum
Strada M. Eminescu 12, Tel. 0233/ 23 31 90, April–Sept. Mo–Fr 8 bis 17, Okt.–März Mo–Fr 9–15 Uhr

ZIELE IN DER UMGEBUNG

Agapia **[118 B3]** Inside Tipp
Blühendes Kloster. Zusammen mit der benachbarten Abtei Văratec (18. Jh.) ist es wohl das größte Nonnenkloster Europas. Etwa 1000 Schwestern leben, arbeiten und

Moldau-Klöster

Kleine Häuser für den lieben Gott

Orthodoxe Gotteshäuser sind in der Regel in vier Bereiche gegliedert. Draußen vor dem Eingangsportal bildet das von Säulen gestützte Vordach eine Art Veranda. Ins offene Kerzenhäuschen stellen die Kirchenbesucher für die ihnen Nahestehenden brennende Kerzen hinein. Der erste Raum in der Kirche selbst ist der *Pronaos* mit Gräbern von Kirchenstiftern, Geistlichen oder Fürsten, mit einem kleinen Häuschen, in dem Souvenirs und gelbe, längliche Kerzen verkauft werden und mit einem Tisch für traditionelle Speisen, die bei verschiedenen Festen vom Popen gesegnet werden. Der nächste Raum, der *Naos*, ist der Ort der eigentlichen geistlichen Handlungen. Hier befinden sich die wichtigsten Ikonen, vor denen sich der Gläubige verneigt, vor denen er kniet oder die er küsst. Den anschließenden Altarraum dürfen Frauen nicht betreten.

meditieren hier. Der Komplex aus dem 16./17. Jh. liegt sehr reizvoll im Tal der Topolita. Die Fresken (19. Jh.) sind wertvolle Jugendwerke des Malers Nicolae Grigorescu. Ein sehr schöner Wanderweg (7 km) führt von Agapia zum Kloster Văratec (16.–19. Jh.). *30 km Richtung Norden*

Bicaz-Klamm   [118 B4]

★ Atemberaubende Schlucht in den Ostkarpaten nahe dem Städtchen Bicaz. Ein Bach hat einen gewaltigen Einschnitt ins Kalksteingebirge gefressen, der im Volksmund auch »Höllenschlund« genannt wird. Die Straße führt durch die bisweilen nachtdunkle Klamm, deren über 100 m hohe Felswände an der engsten Stelle bis auf 6 m zusammenrücken. *Ca. 30 km Richtung Westen*

Bicaz-See   [118 B3–B4]

Über 30 km langer Stausee in der herrlichen Landschaft der Ostkarpaten. Die Höhenstraße führt am Gewässer entlang. Vorsicht, nicht ablenken lassen, denn der Ausblick ist wirklich phantastisch.

Ceahläu-Massiv   [118 B4]

★ 1907 m hohes Bergmassiv, der »Olymp der Moldau«, auf der westlichen Seite des Bicaz-Stausees. Gute Wintersport- und Wanderangebote. *40 km Richtung Westen*

Lacul Roşu   [118 B4]

★ Der »Rote See«, auch Mördersee genannt, verdankt seinen Namen einer Naturkatastrophe in den Ostkarpaten. 1838 stürzte bei einem Erdrutsch der mit einem dichten Tannenforst bewachsene Steilhang des Berges Ghilcos in das relativ kleine Gewässer. Seit dieser Zeit ragen die Baumstümpfe aus dem Wasser, bei Regen oder Nebel ein gespenstisches Bild. Luftkurort und gutes Wintersportgebiet. *50 km Richtung Südwesten*

Noch etwa 100 Mönche leben in Neamţ, dem ältesten Kloster der Moldau

Neamţ   **[118 B3]**

Das imposante Kloster nördlich von Piatra Neamţ ist das älteste der Moldau. Es wurde im 14. Jh. errichtet und durch das Erdbeben von 1471 teilweise zerstört. Danach ließ Ştefan der Große die prächtige Himmelfahrtskirche im typischen moldauischen Stil errichten. Sie besitzt zwar keine Außenfresken, dafür sind ihre Fassaden mit vielen kleinen Keramikscheiben verziert. Neamţ ist noch vor dem Kloster Putna die größte Anlage dieser Art, die Fürst Ştefan gebaut hat. Es war zu seiner Zeit auch ein bedeutendes Kulturzentrum, in dem Handschriften und Miniaturen angefertigt wurden, in dem Stickerei, Silberschmiedekunst und Ikonenmalerei erblühte. Heute leben noch etwa 100 Mönche in Neamţ. Bemerkenswertes *Klostermuseum* mit Bibliothek. Jeder Besucher wird jederzeit ins Museum gelassen (vielleicht nicht nachts). *61 km Richtung Nordwesten*

SUCEAVA

[118 B2] Der beste Ausgangspunkt für eine Tour zu den fünf berühmten Moldau-Klöstern Arbore, Humor, Moldoviţa, Suceviţa und Voroneţ. Doch das ist nicht alles. Suceava (90 000 Ew.) besitzt einige der schönsten und bedeutendsten Kirchen Rumäniens. Ştefan der Große regierte von hier aus.

SEHENSWERTES

Festung Şcheia

Auf einem steinernen Felsvorsprung im Osten der Stadt stehen die Ruinen einer mächtigen Burganlage aus dem 14. Jh.

Kirche Sfântu Gheorghe

Die Metropolitenkirche der Bukowina aus dem 16. Jh. befindet sich unterhalb der Festung. Sie birgt die Reliquien des Johannes Novus, damals Schutzpatron der Bukowina. *Strada Parcului*

Kloster Zamca

Besonders schöne Fresken aus dem 16. und 17. Jh. *Strada Zamca*

Mirăuţi-Kirche

Interessantes Beispiel für die Kuppelbauten des 16. Jhs. *Strada Mirăuţi*

MUSEUM

Ciprian Porumbescu

Dokumentation über Leben und Werk des bekannten Komponisten aus der Bukowina. *Di–So 9–17 Uhr, Strada Ştefan cel Mare 33*

ESSEN & TRINKEN
ÜBERNACHTEN

Continental-Arcasul

Hotel mit Restaurant. *100 Zi., Strada Mihai Viteazul 4–6, Tel. 0230/21 09 44, Fax 22 75 89, www.arcasul.sv.ro,* €

Hotel Classic

Kleiner und feiner Neubau gegenüber der Universität. Klimaanlage, außerdem Restaurant mit internationaler Küche. *22 Zi., Strada Universitatii 32, Tel. 0230/51 00 00, www.classic.ro,* €€

AUSKUNFT

Agenţia Bucovine Vacance Tour

Strada Republicii 5 in Vatra Dornei, Tel. 0230/37 37 09, Mo–Fr 7–13 und 17–19 Uhr, Sa 7–13 Uhr

Reisebüro S.C.
Centralturism S.A.

Im Hotel Suceava, Tel. 0230/ 52 30 24

ZIELE IN DER UMGEBUNG

Arbore   [118 B2]

★ Von den fünf großen Klöstern sind die Außenfresken von Arbore (1503) bei Rădăuti am stärksten beschädigt. Dennoch ist ihr Anblick ergreifend. Dargestellt sind Szenen aus dem Leben der Heiligen. Besonders schön: die Georgslegende. Die ikonenhaften Bilder entstanden 1541. Luca Arbore, ein Gefolgsmann Ştefans des Großen, hat die Johannes dem Täufer geweihte Kirche gestiftet. *Ca. 30 km Richtung Nordwesten*

Dragomirna   [118 B2]

Es entstand um 1609, weist aber durch die schmalen und hohen Proportionen der Kirche noch deutlich gotische Elemente auf. Das Kloster wird von mächtigen Mauern umgeben – Schutzmaßnahmen gegen tatarische und polnische Eroberer, die vom Kirchenschatz angelockt wurden. In der Schatzkammer kann man ihn besichtigen: Silber, Handschriften und Ikonen sowie die kostbaren Miniaturen, die in Dragomirna angefertigt wurden. Der Klostergründer Anastasie Crimca war selber ein großer Könner dieser Kunst. *12 km Richtung Norden*

Humor   [118 B2–3]

★ Von allen Klosterkirchen mit Außenfresken hat Humor die ältesten Malereien. Die Kirche wurde um 1530 in der Regierungszeit von Petru Rareş, dem Sohn Ştefans des Großen, gebaut und fünf Jahre später innen und außen bemalt. Das

Motiv an der Südwand ist künstlerisch wie politisch geschönt: Es zeigt die Belagerung Konstantinopels durch die Perser und Awaren im 7. Jh. Das Fresko leuchtet noch erstaunlich frisch in den für Humor typischen Rottönen. Innen widmete der Künstler seine Darstellungen den grausamen Hinrichtungen von Märtyrern, in der Kuppel die Muttergottes, umgeben von Engeln und Heiligen. *20 km Richtung Westen*

Marginea [118 B2]

Dorf an der ukrainischen Grenze in der Nähe des Klosters Putna. Die Töpfereien dort sind für Touristen noch immer sehr preiswert. *37 km Richtung Nordwesten*

Moldoviţa [118 A2]

★ Dieses Nonnenkloster ließ Fürst Petru Rareş von 1532 bis 1537 errichten. 1537 wurden die Außenwände bemalt. Auch hier ist das große Motiv wieder die Legende von der Belagerung Konstantinopels, das durch die Jungfrau Maria wundersam gerettet wurde. Nur ist die Darstellung ist wesentlich größer und besser erhalten als in Humor. Die Innenfresken erneuerte man im 17. Jh. Petru Rareş wurde in der Kirche beigesetzt. Sein Stifterbild hängt neben dem Altar. Das Kloster war als Wehranlage geplant. Noch heute ist es von Mauern mit drei Wehrtürmen umgeben. Sehenswertes *Museum (tgl. 9–16 Uhr)* für mittelalterliche Kunst, in dem auch der schön geschnitzte Thron von Petru Rareş ausgestellt ist. *130 km Richtung Nordwesten*

Putna [118 B2]

Das orthodoxe Mönchskloster liegt unmittelbar an der ukrainischen Grenze bei Vicovu de Sus. Ştefan der Große hat die große, idyllisch gelegene Anlage im Mittelgebirge der Bukowina 1466 nach seinem ersten Sieg über die Türken bauen lassen. Er wurde dort auch beigesetzt, was den Andrang auf Putna erklärt: Viele Rumänen pilgern zum Grabmal des Nationalhelden. Die Kirche ist nur innen mit Fresken ausgemalt. Unbedingt das *Klostermuseum (tgl. 10–16 Uhr)* besuchen, in dem Gobelins, Stickereien, Gewänder, Miniaturen und alte Bibeln ausgestellt sind. *50 km Richtung Nordwesten*

Rădăuţi [118 B2]

Die turmlose romanische *Basilika St. Nikolaus* ist die älteste steinerne Kirche der Moldau. Sie entstand 1359–1365. Bogdan I., der Stifter des Gotteshauses, wird auf der Ikonenwand vor dem Altar dargestellt. Der erste Fürst der Moldau wurde auch in der schlichten, dreischiffigen Kirche beigesetzt. *45 km Richtung Nordwesten*

Suceviţa [118 A–B2]

★ Das jüngste der fünf großen Klöster, eine mächtige Anlage mit Wehrmauer und vier starken Ecktürmen, liegt idyllisch zwischen Bergen. Dahinter steht das Nonnenkloster, das ab 1581 als Stiftung der Fürstenfamilie Movilă erbaut wurde. Die Außenmalereien waren vermutlich die letzten dieser Kunstepoche und entstanden um 1601. Sie stellen die Leiden der Märtyrer, das Paradies, die Wurzel Jesse, die Himmelsleiter und wieder das Marienwunder bei der Belagerung Konstantinopels dar. Die Figuren tragen Gesichter und Kleidung von adligen Bojaren und Bauern dieser Gegend. Man sollte versuchen, die Stundenholzzeremo-

Inside
Tipp

nie der Nonnen am frühen Abend mitzuerleben. Dabei schlagen die Ordensschwestern mit einem Hammer gegen das hölzerne Stundenholz, um zum Gebet zu rufen. Das *Museum* besitzt einen reichen Kirchenschatz, darunter die mit Gold- und Seidenfäden bestickten Sargdeckel der Stifter Ieremia und Siion Movilă, außerdem eine Goldkapsel mit einem Haarbüschel von Ieremia Movilă. *50 km Richtung Nordwesten*

Voroneţ [118 B3]

★ Dieses Kloster gilt als »Sixtinische Kapelle des Ostens«. Nirgendwo sind die Farben intensiver. Besonders faszinierend ist das »Blau von Voroneţ« – mittlerweile in der internationalen Kunst ebenso geläufig wie Tizianrot und Veroneser Grün. Das Geheimnis ist ein wenig Lapislazulistaub, den der Künstler

Insider Tipp

seiner Farbe beigemischt hatte. Die Klosterkirche verfügt über die eindrucksvollsten Außenfresken der Bukowina-Klöster. »Das jüngste Gericht« nimmt die ganze Westseite ein, die Sünder sind als Türken dargestellt. In der Hölle schmoren Judas, der Hohepriester Kaiphas sowie Mohammed, der Prophet des Islam. Die zweite Komposition (an der Südseite) ist das Fresko »Die Wurzel Jesse«, der Stammbaum Christi. Auf einem leuchtend blauen Hintergrund ranken sich Pflanzen, in deren Blüten die Propheten stehen und oben das Jesuskind liegt. Voroneţ wurde 1488 von Ştefan dem Großen erbaut, 1547 unter der Herrschaft von Petru Rareş und der Aufsicht des Metropoliten Grigorie Roşca erweitert und bemalt. Der orthodoxe Bischof liegt im Vorhof begraben. *30 km Richtung Südwesten*

Die farbintensiven Außenfresken waren eine Bibel für die Armen

Im Reich des Pelikans

Das Wasserlabyrinth des Donaudeltas oder Bettenburgen am Sonnenstrand – die Dobrudscha ist voll spannender Kontraste

Der östliche Teil Rumäniens ist bei Urlaubern aus dem Westen schon lange bekannt. 245 km reicht die Schwarzmeerküste vom wilden, einmaligen Donaudelta bis zur bulgarischen Grenze. Die meisten Urlaubsorte, früher in fester Hand der Neckermänner, erinnern in der Tat an Betonschließfächer für Touristen mancher spanischer Gestade. Doch verglichen mit den trostlosen Urbanisationen von El Arenal auf Mallorca oder Torremolinos an der Costa del Sol, haben Badeferien in Mamaia oder Eforie immerhin den Charme eines Abenteuerurlaubs. Von den konkurrenzlos niedrigen Preisen, den antiken Sehenswürdigkeiten und den freundlichen Menschen einmal ganz abgesehen.

Die Schwarzmeerküste hat sehr viel mehr zu bieten als Sonne, Strand und Meer. Die Dobrudscha zwischen Küste und Donaulauf, zwischen Delta und Grenze zu Bulgarien, ist uraltes Kulturland mit riesigen Süß- und Salzwasserseen hinter der Küste. Lange bevor Sla-

Spielen, speisen, tanzen in marmorner Jugendstilpracht des Kasinos von Constanţa

Eine Seeschwalbe im Delta

wen und Tataren in der ehemaligen Steppe siedelten, hatten die Griechen hier schon richtige Städte gebaut. Sie kamen bereits 700 v. Chr. und wurden dann von den Römern »abgelöst«.

Im 6. Jh. wurden die ersten Slawen ansässig, die sich mit der romanisch-getischen Bevölkerung vermischten. 500 Jahre lang, bis 1878, geriet das Land unter türkische Herrschaft. All diese Kulturen haben ihre Spuren hinterlassen.

Die Dobrudscha ist eine Region mit Sonnengarantie. Die Sommer sind intensiv, heiß und niederschlagsarm. Das ist sehr schön für die Touristen – und für den Wein. Denn hier wächst ein feuriger, weißer Tropfen, der eisgekühlt als halbtrockener Wein sehr süffig ist und sofort ins Blut geht.

Noch Europa oder schon Orient? Constanțas Hafen mit Moschee

CONSTANȚA

[123 E4] Hafenstädte besitzen immer ein eigenartiges Flair. Das von Constanța, dem größten Hafen Rumäniens, wirkt besonders malerisch. Ist das noch Europa oder schon Orient? Nach dem Glockengeläut der orthodoxen Kathedrale ruft der Muezzin die moslemischen Gläubigen zum Gebet. Die Silhouette der Stadt wird bestimmt von Hafenkränen, Kirchtürmen, orthodoxen Kuppeln und dem Minarett der Moschee. Auf dem größten Platz der Altstadt blickt ein nachdenklicher Bronze-Ovid auf das Schwarze Meer und das römische Erbe Rumäniens.

Im 6. Jh. v. Chr. gründeten hier griechische Siedler von Milet die Stadt Tomis.

Im 1. Jh. v. Chr. besetzten die Römer die Stadt. Während der Völkerwanderung wurde Tomis mehr-fach zerstört und im 10. Jh. als Konstandiana, benannt nach dem byzantinischen Kaiser Constantin VIII., wieder aufgebaut. Unter den Türken geriet die in Küstendje umbenannte Stadt in Vergessenheit. Heute ist Constanța (313 000 Ew.) nicht nur eine der größten Städte Rumäniens und ein Zentrum für Seehandel (unweit mündet der Donaukanal) und Tourismus, sondern auch eine höchst interessante multikulturelle Begegnungsstätte – eine Stadt von träger Schönheit.

SEHENSWERTES

Genueser Leuchtturm

Der 8 m hohe Turm wurde im 13. Jh. von Genueser Baumeistern errichtet. *Direkt am Strandboulevard neben der Marineakademie*

Griechisches Ruinenfeld

Von früher Besiedelung zeugen die Fundamente einer altgriechischen

Inside Tipp

Siedlung aus dem 3. Jh. v. Chr. *Direkt am Meer, Bd. Carpaţi*

Moschee
Eines der auffälligsten Gebäude, 1910 errichtet. Der schlanke Turm ragt 50 m in die Höhe und bietet oben gute Aussicht auf Hafen und Stadt. Die Gebetsrufe des Muezzin verstärkt der Lautsprecher. *Hinter der Piaţa Ovidiu*

Orthodoxe Kathedrale
Eines der großen orthodoxen Zentren in Rumänien. Der prächtige Kuppelbau oberhalb des altgriechischen Ruinenfeldes wurde 1884 errichtet. Eindrucksvolle Innenarchitektur. *Strada Muzeelor*

Ovid-Statue
Die überlebensgroße Bronzefigur des römischen Dichters der wunderbaren Metamorphosen steht dort, wo vielleicht Ovid selbst spazieren gegangen ist, nachdem er von Kaiser Augustus an die Küste des Schwarzen Meeres verbannt worden war. 18 n. Chr. ist er hier gestorben. Angeblich liegt der Dichter zu Füßen des Denkmals begraben. *Piaţa Ovidiu*

Römisches Forum
Säulen und Mauerreste der Stadt Tomis. Ein Freiluftmuseum, das immer geöffnet hat. *Parcul Tomis*

Insider Tipp

MUSEEN

Bildhauermuseum (Muzeul Ion Jalea)
Skulpturensammlung des Künstlers Ion Jalea aus dem Norden der Dobrudscha. *Tgl. 11–19 Uhr, Bd. Carpaţi 1*

MARCO POLO Highlights »Schwarzmeerküste«

★ **Donaudelta**
Der letzte Dschungel Europas (Seite 80)

★ **Istria**
Melancholische Ruinen am Lagunensee (Seite 79)

★ **Bodenmosaik**
Das riesige Mosaik zeugt von der glanzvollen Vergangenheit Constanţas (Seite 76)

★ **Deltaurwald Letea**
Lianen und Schlingpflanzen, Seeadler, Schlangen und grüne Eidechsen (Seite 83)

★ **Adamclisi**
Römisches Erbe – monumental und schon von weitem zu sehen (Seite 77)

★ **Kasino**
Die Nächte von Constanţa haben es in sich – im Art-nouveau-Vergnügungstempel (Seite 77)

★ **Club Histria**
Für Liebhaber ein Muss: Fischessen in Mamaia – Genuss ohne Reue (Seite 86)

Kunstmuseum (Muzeul de Artă)
Werke rumänischer Künstler des 19. und 20. Jhs. *Mi–So 9–17 Uhr, Bd. Tomis 84*

Marinemuseum (Muzeul Marinei Române)
Die Geschichte der rumänischen Binnen- und Hochseeschifffahrt. *Tgl. 10–18 Uhr, Strada Traian 53*

Museum für Volkskunde (Muzeul de Artă Populară)
Die Volkskundeabteilung des Kunstmuseums zeigt Trachten, Keramik, Teppiche und Gewebe aus allen Epochen der Region. *Tgl. 9–17 Uhr, Bd. Tomis 32*

Insider Tipp — Nationalmuseum für Archäologie (Muzeul Naxional de Istorie ti Arheologie)
Eine der bedeutendsten Sammlungen Rumäniens. Der größte Teil der historischen Schätze stammt aus der altgriechischen und römischen Vergangenheit des Landes. Besonders erwähnenswert: der »Thrakische Reiter«, der »Denker von Cernavodă«, eine Tonfigur aus der Jungsteinzeit, sowie eine große Keramiksammlung. Höhepunkt ist aber die Mosaikabteilung des Museums. 6 m unter dem heutigen Straßenniveau wurden die Überreste eines imposanten Bauwerks des antiken Tomis gefunden. Auf einer der Terrassen dieses Gebäudes wurde ein 700 m² großes ★ Bodenmosaik aus dem 3. Jh. freigelegt, mit herrlichen geometrischen und Pflanzenmotiven. Es ist das größte seiner Art in Europa. Unter dem Mosaik liegen 13 Gewölbe, die als Lager dienten. Neben dem Museumspavillon stehen in einem Park antike Säulenreste und Grabstätten. Man blickt von oben auf den Hafen. Eine höchst eigenartige Mischung aus Geschichte und Gegenwart. *Mi–So 9–17 Uhr, Piața Ovidiu*

Planetarium
Zu sehen sind die Gestirne des Himmels und ihre Bahnen. *Tgl. 9–20 Uhr, Bd. Mamaia 267*

ESSEN & TRINKEN

Wie auch in anderen rumänischen Städten gilt: Die besten Restaurants sind meist den Hotels angeschlossen. Es gibt aber in der Altstadt und am Bulevard Tomis jede Menge von Bistros und kleinen, urig anzuschauenden Kneipen, in denen man essen kann, deren Qualität aber sehr unterschiedlich ist.

Cazino
In dem klassizistischen Bau direkt am Meer gibt es ein Spielkasino, aber auch ein feines, gemütliches Restaurant, in dem man akzeptable Fischgerichte bekommt und an Sommerabenden eventuell Livemusik. *Bd. Elisabeta 2, Tel. 0241/61 74 16, €€*

Lacto vegetarian Doina — Insider Tipp
Man kocht vegetarisch. Rumänisches Gemüse schmeckt wesentlich intensiver als alles Vergleichbare in Mitteleuropa. *Bd. Tomis 78, €*

ÜBERNACHTEN

Guci
Neues, kleines Hotel, nicht ganz billig. Es befindet sich in Privatbesitz mitten in der Stadt. Vor allem unter ausländischen Geschäftsleuten ist es sehr beliebt. *20 Zi., Strada*

Râscoalei 1907 23, Tel. 0241/ 69 55 00, €€

Hotel Intim
Gründerzeitlicher Bau. 21 Zi., Strada Nicolae Titulescu 9, Tel 0241/ 61 78 14, €

Tineretului
🏃 Hotel für die Jugend, preiswerter als die meisten anderen Unterkünfte. Gut besuchtes Restaurant. 72 Zi., Bd. Tomis 20–26, Tel. 0241/61 35 90, Fax 61 12 90, €

FREIZEIT & SPORT

Delphinarium
Vergnügen für die ganze Familie. Die Tümmler zeigen, was sie können. Tgl. 9–19 Uhr, Bd. Mamaia

Strand
Die Plaja Muncitorul liegt fast in der Stadtmitte, etwas nördlich des Passagierhafens. Außerhalb der Saison bleibt der Strand ziemlich ungepflegt.

AM ABEND

Kasino
⭐ Eines der bemerkenswertesten Art-nouveau-Bauwerke des Landes aus der Zeit, als König Carol I. Constanța zu einem mondänen Badeort machen wollte. Der in Paris ausgebildete rumänische Architekt Daniel Renard hat es 1907–1910 erbaut. Es thront direkt an der Uferpromenade und ist der Vergnügungstempel der Stadt. Man kann spielen: Black Jack, Bakkarat und Roulette; man kann speisen, und man kann (zu abenteuerlicher Livemusik) tanzen. Ab 23 Uhr öffnet die Bar de Noapte – und dann ist Trinken angesagt.

Revuetheater Fantasio
Revuetheater, wie man es sich vorstellt. Hier tanzen vornehmlich Frauen. Bd. Republicii 11

Theater (Teatrul Dramatic Metamorfoze)
Drama, Komödie, Oper und Operette, alles auf Rumänisch. Strada Mircea cel Bătrân 97, Tel. 0241/ 61 94 40

Cinema Gradina Tomis
Für das Open-Air-Kino im Viktoria Park hinter dem Römischen Forum werden die Karten eine Stunde vor Beginn (meist 21.30 Uhr) verkauft.

Black Sea Disco
Di–So 22–5 Uhr, Strada Stefancel Mare 2

AUSKUNFT

Danubius Travel Agency
Strada Ferdinand 36, Tel. 0241/ 61 58 36 oder 61 31 03, Fax 61 80 10 oder 61 94 81, office@ danubius.ro, www.danubius.ro

Küsten-Informationszentrum
Strada Traian 36, Scara C, apt. 31, Tel. 0241/55 50 00, Fax 55 51 00, info@infolitoral.ro, www.infolito ral.ro

ZIELE IN DER UMGEBUNG

Adamclisi　　　　[123 D5]
⭐ Die türkischstämmige Bevölkerung des kleinen Dorfes in der südlichen Dobrudscha wusste noch im 19. Jh. nichts mit dem gigantischen Steinhaufen anzufangen, der da auf ihren Feldern thronte: Sie hielten ihn für den Rest einer riesigen Kirche: »Adam Kilisse« –

Menschheitskirche. Aus dem türkischen Begriff wurde die rumänische Ortschaft Adamclisi. Ausgerechnet hier, so später die Diktion der Ceaușescu-Epoche, soll die Geburtsstunde der rumänischen Nation geschlagen haben. 106 n. Chr. hatten die römischen Legionen unter Kaiser Trajan auf diesen Feldern die schlecht ausgerüsteten, aber tapferen Daker endgültig besiegt. Es muss ein großes Massaker gewesen sein, denn auf alten Reliefs im Museum von Adamclisi sieht man, wie geköpfte oder erstochene Daker zu Boden sinken. Trajan ließ an dieser Stelle ein Siegesmonument errichten, sozusagen einen Vorläufer für die Trajanssäule, die 119 n. Chr. zur Erinnerung an den Sieg über die Daker in Rom aufgestellt wurde. Von der Zeit an, so die rumänische Geschichtsschreibung, hätten sich Daker und Römer vermischt und das rumänische Volk gebildet.

Das Monument war bereits zu damaliger Zeit wahrhaft monströs und überragte die leere Landschaft weithin. Deshalb fühlten sich wohl auch die Goten provoziert, die hier im 5. Jh. durchzogen. Sie zerstörten das römische Denkmal. 1977 ließ es Ceaușescu zum 100. Jahrestag der rumänischen Staatsgründung nach einer Modellzeichnung, die an Ort und Stelle auf dem Rest eines Relieffrieses gefunden wurde, wieder herrichten. Auf einem 30 m hohen Sockel steht ein 9 Meter hoher Legionär – ein Koloss mit Schild, Panzer und Schwert. Zu seinen Füßen kauern 2 Dakerfrauen und 1 gefesselter Dakerkrieger. Der Kopf fehlt, er ging im Laufe der Geschichte verloren. Die Originalteile sind im höchst interessanten Museum von Adamclisi *(tgl. 8 bis 16 Uhr)* ausgestellt. Und tatsächlich: Ceaușescus Baumeister haben sich an die historischen Dimensionen gehalten und bei ihrer Rekonstruktion nicht übertrieben, obwohl das Monument so merkwürdig modern wirkt. *55 km, Richtung Westen*

Costinești [123 E5] *Inside Tipp*

🏃 Das einzige Seebad südlich von Constanța mit einem gewachsenen Ortskern. Im Sommer urlauben hier hauptsächlich junge Leute und Junggebliebene. Bekannt ist neben dem Fest des Meeres auch das Filmfestival der Studenten. Der Strand ist etwas schmaler als bei den anderen Badeorten. *30 km Richtung Südosten*

Eforie [123 E5]

Zweigeteilter Badeort (Eforie Nord, Eforie Süd) mit hervorragendem Klima und der üblichen touristischen Infrastruktur. Die Betonarchitektur ist wohl nicht jedermanns Geschmack. Wohnen kann man im Hotel *Steaua de Mare* mit integriertem Kurzentrum (Schlammpackungen und Inhalationen). *(231 Zi. Bd. T. Vladimirescu 43, Tel. 0241/ 70 41 00 oder 70 41 06, Fax 70 41 21, €–€€).*

Eforie Nord ist ein beliebter Heilkurort, in dem man Schlammbäderanwendungen und Geriatriekuren machen kann. Das Wasser des Sees Techirghiol hinter der Schwarzmeerküste ist stark salzhaltig und als eine Art Jungbrunnen bekannt. Hier kurte auch Ceaușescu – nachdem Taucher den Seeboden nach Attentätern und Seeungeheuern abgesuchen hatten. *15 km Richtung Süden*

Istria [123 E4]

★ Die interessanteste Ruinenstadt Rumäniens. Im 7. Jh. v. Chr. begannen griechische Siedler aus Milet (Kleinasien) mit dem Bau der Stadt und nannten sie nach der Donau (Istros), die etwas weiter nördlich in einem riesigen Delta ins Schwarze Meer mündet. Fast 1000 Jahre prosperierte der Handelsplatz, bis die Bucht verlandete und der Hafen aufgegeben werden musste. Heute liegt dieses einzigartige Freilichtmuseum am großen Lagunensee Lacul Sinoie. Die Ruinen dokumentieren die verschiedenen Epochen der einst mächtigen Stadt: griechische Mauern und Säulen, römische Thermen, die Grundmauern einer byzantinischen Basilika. *(Tgl. 9 bis 17 Uhr). 40 km Richtung Norden*

Mangalia [123 E5]

Mangalia (38 000 Ew.) hat eine große Vergangenheit als griechische Handelsstadt Callatis (6. Jh. v. Chr.). Die Ruinen einer Ringmauer und alte Grabsteine hinter dem Strand zeugen von dieser Zeit. Auf Teile dieser Ruinen wurde das elegante *Hotel Prezident (65 Zi., Strada Teilor 6, Tel. 0241/75 58 61, € – €€€)* gebaut. **Im Foyer kann man die alten Steine durch eine Glasplatte betrachten.** *Insider Tipp* Eine weitere Sehenswürdigkeit: der historische *türkische Friedhof* in der Nähe des *Insider Tipp* Marktplatzes. Inmitten eines verwilderten alten Grundstücks stehen bis zu 400 Jahre alte, verwitterte Grabsteine, alle nach Mekka ausgerichtet. Sie werden, je nach sozialem Status des Verstorbenen, von mehr oder minder prächtigen Turbanen gekrönt. Die dazugehörige Moschee von 1525 ist die älteste auf rumänischem Boden und dient immer noch als Gottesdienst- und Gemeindezentrum. *43 km Richtung Süden*

Murfatlar (Basarabi) [123 E4]

Insider Tipp Das berühmteste *Weingut* von Rumänien. Sehenswerte hölzerne *Kirche* mit Spitztürmen. Weinprobe möglich. *18 km Richtung Westen*

Die reiche Natur von Costineşti zieht besonders junge Menschen an

Neptun [123 E5]

Bekanntes Seebad am Schwarzen Meer mit allen möglichen Sportangeboten, mit den Trabantenstädten Venus, Jupiter und Saturn, hauptsächlich für den Katalogtourismus geplant. Hinzu kommen ein Kurhotel und eine Klinik: Wasser und Schlamm der hinter Neptun liegenden zwei Seen sollen bei Rheumaerkrankungen helfen. Unterhaltung aller Art findet man im Hotelkomplex *Belvedere (zentrales Tel. 0241/701 00).* Anspruchsvollere Gäste wohnen gern im *Hotel Neptun,* direkt am Neptun-See und 250 m vom Meeresstrand entfernt *(126 Zi., Restaurants, eine Bar, Hallenpool, Tel. 0241/70 10 00, €€).* 300 m vom Strand und vergleichsweise ruhig, obwohl in der Ortsmitte, liegt das *Hotel Terra (316 Zi., Restaurant Caraiman, Bar, Tel. 0241/73 11 20, €).* 35 km Richtung Süden

Vama Veche [123 E5]

🏃 Der schönste Abschnitt der Südküste. Der kleine Ort hat keine Hotels, aber einen herrlichen Strand – manchmal sieht man Delphine. FKK in den Sanddünen! Sehr beliebt bei jungen Leuten, die wild zelten. *50 km Richtung Süden*

DONAUDELTA

[123 D–F 2–3] ⭐ Diese Landschaft ist einzigartig in Europa. Die Donau mündet in drei Armen: Der nördliche Chilia-Arm ist mit über 100 km der längste und wasserreichste. Er führt 63 Prozent des gesamten Donauwassers (5000 m^3 pro Sekunde) mit sich, ist jedoch auf Grund seiner zahlreichen Windungen für die Schifffahrt weniger interessant. Der mittlere Donauarm, Braţul Sulina, ist der Hauptschifffahrtsweg für Hochseedampfer, die bis Tulcea, Brăila und Galaţi fahren. Er wird ständig ausgebaggert und verkürzt. Der südliche Sfîntu-Gheorghe-Arm windet sich ebenfalls in großen Mäandern dem Schwarzen Meer entgegen. Die Donauarme sind mit Kanälen und Nebenflüssen untereinander verbunden. Dazwischen liegen zahlreiche Seen. Mit der südlichen Lagunenlandschaft des riesigen Lacul Razim sowie des Lacul Sinoie ist das Donaudelta etwa 4500 km^2 groß. Nur 20 Prozent der Fläche sind fester Boden, der Rest sind Wasser, Schilf, schwimmende Inseln. Das Donaudelta ist eine der jüngsten Landschaften in Europa – es verändert sich ständig, sogar innerhalb eines Jahres, durch Verschwemmungen und Winderosion. Das Delta wächst jährlich um 40 m ins Meer hinein. Außerdem gibt es über 100 000 ha schwimmende Schilfinseln, die so genannten *plaur,* die sich hin und wieder teilen.

Die ersten Siedlungsgründungen gehen auch hier ins vorchristliche Zeitalter zurück. Die Griechen kamen bereits im 5. Jh. v. Chr. Ihnen folgten Byzantiner, Genueser, Tataren, Türken und Lipovener. Bis zu ihrer Umsiedlung 1940 gab es auch eine deutsche Kolonie. »Strom ohne Ende« nannte der Bukarester Schriftsteller Oskar W. Cisek seinen Roman über das Delta. Er beschreibt eine Welt ungebändigten Lebens in einer ungebändigten Natur, die sich jedes Frühjahr neu wie ein Dschungel in dieser Wasser- und Sumpflandschaft entfaltet. In diesem Urwald aus Schilf, Riedgras, wilden Apfel- und Birnenbäumen,

Sumpfpappeln, Weiden und Schling-pflanzen nisten die letzten Pelikane Europas. Das Delta gilt nach wie vor mit über 300 Arten als eines der größten Vogelparadiese der Erde. Informationen über organisierte Touren zum Beobachten der Vögel gibt es unter *www.ibistours.net.*

Die Menschen leben fast aus-schließlich vom Fischfang (der Reichtum ist legendär, es gibt annähernd 100 Arten), abgesehen von ein paar kleinen landwirtschaft-lichen Anbauflächen und etwas Viehzucht auf den *grindul,* kleinen Landerhöhungen, die selten überschwemmt werden. Die Fischer, die hier ihre Netze auswerfen, sind zumeist Lipovener, die vor 200 Jahren aus ihrer russischen Heimat geflohen sind. Cisek beschreibt sie als »Männer mit der Kraft von Ochsen«. Übrigens stammen die rumänischen Olympiasieger im Kajak- oder Kanadierfahren aus dem Donaudelta.

Der Besuch dieser archaischen Landschaft bedeutet vor allem: umsteigen. Das Delta ist nicht per Auto oder Zug befahrbar, man muss schon ein Schiff nehmen, am besten ab Tulcea, wo die Donau sich teilt. Und vor allem sollte man sich Zeit lassen. Auch in einer Woche hat man das Delta bestimmt noch nicht ganz gesehen.

Zwei Warnungen: Nicht ohne Ortskundigen mit einem Paddelboot drauflosfahren! Die Orientierung ist zu schwierig; präzise Karten gibt es nicht, da die Landschaft sich ständig verändert. Und unbedingt Insektenschutzmittel mitnehmen. Von Mai bis September kreucht und fleucht es allerorten.

ORTE IM DELTA

Agighiol [123 E3]
In dem beliebten Bade- und Luftkurort wurde das reich geschmückte *Grab eines Prinzen* aus dem 4.

Donaudelta, das 4500 km² große Paradies der Vögel

Die MARCO POLO Bitte

M arco Polo war der erste Weltreisende. Er reiste in friedlicher Absicht, verband Ost und West. Er wollte die Welt entdecken, fremde Kulturen kennen lernen, nicht zerstören. Könnte er heute für uns Reisende nicht Vorbild sein? Aufgeschlossen und friedlich sollte unsere Haltung auf Reisen sein. Dazu gehören auch Respekt vor Mensch und Tier und die Bewahrung der Umwelt.

Jh. v. Chr. entdeckt. Außerdem findet man hier ein *paläontologisches Reservat* mit fossilen Ammoniten und Fauna aus dem Trias.

Babadag [123 E3]
Türkischer Ort westlich des Lacul Razim. Sein Name bedeutet »Vater der Berge«, denn Babadag liegt am Fuße eines bewaldeten Bergrückens. Große *Moschee* aus dem 16. Jh. Im *Orientalischen Museum* in der Casa Panaghia *(Mi–So 9–16 Uhr)* ist die Geschichte der Türken von Babadag dokumentiert. Am Ufer des Babadag-Sees Überreste einer Siedlung aus der Eisenzeit (4. Jh. v. Chr.) und römisch-byzantinische Funde (6. Jh.). Jeden 15. Juni Volksfest im Lindenwald. *Campingplatz Doi Iepuraşi* in 4 km Entfernung.

Beştepe [123 E3]
20 km südöstlich von Tulcea an der Straße nach Independenţa liegt der orientalisch anmutende Ort auf fünf Hügeln, wie der türkische Name besagt. Überreste aus der Römerzeit und große Erdfestung.

Caraorman [123 F3]
Dorf südlich von Crişan am Sulina-Arm. In der Nähe ist der *Eichendschungel Caraorman* (türkisch:

schwarzer Wald), ein Naturdenkmal. Im Unterholz kreuchen viele Schlangen, darunter auch giftige. Sechs Meter hohe Sanddünen.

Chilia Veche [123 F2] *Inside Tipp*
Der älteste Ort im Delta wurde im 6. Jh. v. Chr. von Griechen als Achillea gegründet, damals ein Hafen, nur 5 Kilometer von der Küste entfernt – heute sind es über 40 km. So sehr hat sich die Landschaft verändert. Chilia Veche lebt vom Fischfang. Der Ort liegt am mächtigen Chilia-Arm, der die Grenze zur Ukraine bildet. Die sehenswerte *Kirche* besitzt 30 m hohe Türme.

Westlich von Chilia Veche befindet sich im Norden des Deltas das knapp 160 km^2 große *Naturschutzdreieck Roscoa-Buhaiova-Hrecisca* mit drei großen Seen, Nistplätzen von Pelikanen, Silberreihern sowie Kormoranen.

Crişan [123 F3]
Gemeinde an beiden Seiten des Sulina-Kanals, an dessen Einweihung das Denkmal von 1859 erinnert. Ausgangspunkt für Ausflüge.

Denіştepe [123 E3]
Gemeinde nördlich der Stadt Babadag. Der türkische Name bedeutet »Hügel der Meere«. Die Argonau-

tensage berichtet, dass sich hier der mächtige Eisenring befand, an dem Jason und die Argonauten ihr Schiff festmachten, mit dem sie das Goldene Vlies in Kolchis (Kaukasus) rauben wollten.

Enisala [123 E3]

8 km östlich von Babadag gelegenes Dorf mit den Ruinen einer Festung, die möglicherweise römischen Ursprungs ist. Sie geriet dann in genuesische, später in türkische Hände. Im 14. Jh. soll sich die Anlage im Besitz des walachischen Fürsten Mircea des Alten befunden haben.

Independenţa [123 E3]

Im Wahn der Gleichmacherei Ceauşescus bekam der alte Ort *Murighiol* am Sfîntu-Gheorghe-Arm den Phantasienamen Independenţa. Die rumänische Zentralregierung wollte die Minderheiten im Delta zwangsweise assimilieren und änderte auch ihre alten Ortsnamen, um so die Herkunft von Türken, Lipovenern, Tataren und Ukrainern möglichst zu verwischen. Das misslang jedoch. Die Bevölkerung verwendet immer noch die alten Ortsbezeichnungen. Bisweilen wird Murighiol auch Morughiol, »Violetter See«, genannt, in Anspielung auf die Farbe seines Heilwassersees. Salzsümpfe an seinen Ufern sind Nistplätze für seltene Vögel wie den Stelzenläufer. Independenţa ist der ideale Ausgangspunkt für Deltaausflüge. Campingplatz. *(Tel. 0240/51 43 41)*

Letea [123 F2]

Fischerdorf bei Periprava am Chilia-Arm. Ganz in der Nähe erstreckt sich der gleichnamige ★ Deltaurwald, ein Naturschutzgebiet mit Seeadlern und einer großen Schlangenpopulation sowie Schildkröten und gelben und grünen Eidechsen. Bei Letea kommen auch Wölfe, Fischotter und Wildkatzen vor. Außerdem ist dieses Gebiet die Heimat der Riesenfliege *Satanas gigas.*

Mahmudia [123 E3]

Gemeinde mit Flusshafen und den Ruinen der römisch-byzantinischen Festung *Salsovia.* Hier hat der Legende nach 325 Konstantin der Große seinen Thronwidersacher Licinius ermorden lassen. Kurz vor Murighiol.

Mila 23 [123 E3]

Typisches Fischerdorf an einem alten Donauarm des Sulina-Stroms, das seinen Namen nach der 23. Flussmeile erhielt. Mittelpunkt sind die Fischannahmestelle und daneben eine Bar: Man prostet sich mit Marmeladen- und Senfgläsern zu. Guter Ausgangspunkt für Ausflüge in den Deltadschungel. In der Nähe befinden sich schwimmende Schilfinseln und ein Pelikanreservat.

Popina [123 E3]

Die Insel im Norden des Razim-Sees ist der höchste Punkt des Donaudeltas (47 m). Hier nisten Brandenten und Uferschwalben; Schlangenkolonie!

Sfîntu Gheorghe [123 F3]

Kleine Stadt (1500 Ew.) an der Mündung des Sfîntu-Gheorghe-Armes ins Schwarze Meer. Die Siedlung wurde bereits 1318 erwähnt und diente später lange als Stützpunkt der osmanischen Schwarzmeerflotte. Sie ist einer der touristischen Hauptorte des Deltas mit der typischen Architektur dieser Region. Besonders sehenswert sind der alte und neue *Leuchtturm* (57 m) und auch die *Fischereikooperative.* Hier stehen die Fischer und klauben die Heringe und Makrelen aus den Netzen.

Boote fahren aus und fangen den Beluga-Stör, der besten Kaviar abgibt. Manchmal kann man davon in der Kooperative kosten und sogar etwas kaufen. Der Fang wird in Kisten mit Eis verpackt und nach Tulcea in die Fischfabrik verschifft.

Hinter der Gemeinde erstreckt sich der schönste Schwarzmeerstrand Rumäniens mit weißem Sand und Dünen. Mutige Wanderer könnten 40 km an der pfeilgeraden Küste bis nach Sulina laufen. Dazu benötigt man aber mindestens zwei Tage. Zelt und genügend Proviant sollten mitgenommen werden.

Von Sfîntu Gheorghe geht's zur Insel Sachalin, die erst 1898 entstanden ist. Hier nisten noch die sehr seltenen Krauskopfpelikane.

Sulina   **[123 F3]**

Zweitgrößter Ort des Donaudeltas (5000 Ew.) an der Mündung des gleichnamigen mittleren Donauarms. Wichtiger Seehafen am Schwarzen Meer mit Schiffswerft und Fischkonservenfabrik. Bereits die Byzantiner bauten hier im 9. Jh. einen Hafen. Gut für Ausflüge ins Delta. Sehenswürdigkeiten: *Alter Leuchtturm* (19. Jh.), der *Stadtfriedhof* sowie der herrliche *Strand* Richtung Süden.

Tulcea   **[123 E3]**

Die Hauptstadt (80 000 Ew.) des Donaudeltas: Von hier aus gehen nahezu alle Schiffe zu Ausflugszielen ins Delta. Die Stadt hat schon den Phöniziern, Römern, Genuesern und Türken als Seehafen gedient. Tulcea ist eine relativ triste Hafenstadt mit Fischfabriken, einer Marinebasis und Reedereien. Gegenüber dem Wasserbahnhof der Navrom (Rumänische Schifffahrtsgesellschaft) an der Donau findet jeden Samstag ein witziger *Basar* statt, der deutlich orientalische Züge trägt. Hier kaufen viele Ukrainer ein, die in der Hoffnung über die Grenze kommen, ein reichhaltiges Angebot vorzufinden. Doch meist

Sehen und gesehen werden auf der Promenade von Tulcea

werden sie enttäuscht. Die einzige erwähnenswerte Sehenswürdigkeit ist das *Deltamuseum (Di–So 9 bis 16 Uhr, Strada Al. Sahia 20)*, eine Dokumentation von Fauna und Flora sowie aller Fische der Region; mit Kunstabteilung.

Unirea [123 E3]

Auch ein Ort, der willkürlich umbenannt wurde. Er hieß früher Jurilovca, ein Fischerdorf aus dem 18. Jh. am Goloviţa-See. Heute ist er ein typische Lipovener-Siedlung im Baustil dieses Volksstammes. Die alten Männer tragen noch lange Bärte und weiße Blusen, die nach russischer Art mit einer Quastkordel gegürtet werden. Das *Volkskundemuseum (Di–So 10–16 Uhr)* zeigt Trachten und Volkskunst der Lipovener. In der Nähe, am Kap Dolojman, befinden sich die Ruinen einer griechischen Siedlung aus vorchristlicher Zeit. Vermutlich handelt es sich dabei um den Ort Argamum. Auch Unirea ist Ausgangspunkt für Ausflüge ins Delta.

ÜBERNACHTEN

Grundsätzlich gilt: Das Donaudelta ist zwar von der Natur her eines der interessantesten Gebiete Europas, doch touristisch kaum erschlossen. Für viele Reisende macht das gerade seinen Reiz aus. Es gibt nur wenige Hotels, und die haben zwar recht hohe Preise, aber keinen besonders guten Standard.

Delta

Erstes Haus am Platz in Tulcea – mit sozialistischem Charme, aber renoviert. Direkt am Hafen gelegen. *Strada Isaccei 2, 117 Zi., Tel. 0240/51 47 20, Fax 51 62 60, €€*

Europolis

In Tulcea. Einfach ausgestattet, nicht sehr aufregend. *72 Zi., Strada Pacii 20, Tel. 0240/51 24 43, Fax 51 66 49, €*

Hotelschiffe

Insider Tipp

Die originellste Art in Tulcea zu wohnen – nämlich direkt auf der Donau. Die beiden Hotelschiffe *Delta 2* und *Delta 3* haben normalen Hotelstandard, Bar, Zimmerservice und eine hübsche Aussichtsterrasse. *10 bzw. 9 Zi., Strada Babadag 11, Tel. 0240/51 41 14, Fax 51 76 25, €€*

Daneben gibt es mehrere andere Hotelschiffe, die das Donaudelta abfahren, sowie Boote für die kleinen Flüsse und Wasserstraßen. Info bei: *DNV Tours GmbH, Postfach 1367, D-70797 Kornwestheim, Tel. 07154/13 18 30, Fax 18 29 24, www.dnv-tours.de*

PRIVATUNTERKÜNFTE

Durch Vermittlung des Touristik-Kreisamtes Tulcea kann man Privatzimmer in Sulina, Murighiol, Crişan, Sfîntu Gheorghe und Mila 23 mieten. Außerdem kann man in fast jedem Dorf nach Privatunterkünften fragen. Scheuen Sie sich nicht, die Rumänen freuen sich über Ihr Interesse.

AUSKUNFT

Autoritatea rezervatei Biosferei Deltei Dunarii ARBDD
Touristen-Informationszentrum der Donaudelta-Biosphärenreservats-Verwaltung, Tulcea, Strada Portilui 34 a, Mo–Fr 8–16 Uhr, Tel. 0240/ 51 89 24, Fax 51 89 75, deltain form@tim.ro

Donaudelta Forschungsinstitut

*Tulcea, Strada Babadag 165, Info-
zentrum Mo–Do 7.30–16 Uhr, Fr
bis 13 Uhr, Tel. 0240/52 45 50,
53 15 20, Fax 53 35 47, offi
ceindd@tim.ro*

Man lernt das Donaudelta wirklich
am besten vom Wasser aus kennen.
Die Schiffe fahren oft unregelmäßig
und unpünktlich ab. Daher werden
hier keine Abfahrtszeiten genannt.
Die Schiffe starten tgl. vom Navrom-
Bahnhof in Tulcea (Donaukai). Hier
kann man auch die Tickets kaufen
(2,50–5 Euro). Aber auch auf der
Uferpromenade gibt es Privatanbie-
ter, meist Fischer, die ihre Boote für
Ausflüge zur Verfügung stellen. Ta-
gestouren beginnen in Tulcea und
führen meist über den Sulina-Kanal
oder den Sfîntu-Gheorghe-Arm, den
ältesten Mündungsarm, in die Alte
Donau.
Fahrzeiten:
Tulcea – Sulina: 3 Std.
Tulcea – Chilia Veche – Periprava:
5 Std.
Tulcea – Sfîntu Gheorghe: 6 Std.
Crişan – Mila 23: 1 Std.
Wesentlich schneller geht es mit
dem Tragflächenboot:
Tulcea – Sulina: 1 Std. 30 Min.
Tulcea – Sfîntu Gheorghe: 2 Std.

FREIZEIT & SPORT

Angeln
Im Donaudelta kann mit Ausnahme
einer 60-tägigen Schonzeit das gan-
ze Jahr über gefischt werden. Die
Schonzeit wird jedes Jahr am 1.
April festgesetzt. Informationen:
*Kreisverband der Jäger und Angler,
Tulcea, Strada Isaccea 10, Tel.*

0240/51 14 04. Eine Angelerlaub-
nis kann man in jeder Gemeinde erhalten.

MAMAIA

[123 E4] Der wohl berühmteste
Urlaubsort an der Schwarzmeerküste, auf einer nur 100–300 m
breiten und 8 km langen Landzunge
zwischen dem Meer und dem Sint-
ghiol-See nördlich von Constanţa gelegen. Hinter dem 7 km langen und
rund 100 m breiten Strand erstreckt
sich der große Süßwassersee mit vielen Möglichkeiten zur sportlichen
Betätigung wie Angeln, Segeln, Ru-
dern, Surfen oder Wasserski.

Mamaia ist das Synonym für Tourismus – besonders Familientou-
rismus – schlechthin. Über 50 Hotels reihen sich am Strand auf, mal
mehr, mal weniger geschmacklos
gebaut. Für Familien mit Kindern
nicht das Schlechteste: Gleich hinter den Hotels ist der saubere, fein-
sandige Strand, es geht ganz flach
ins Wasser. Gegenüber dem Hotel
Park ist ein großer Unterhaltungs-
park mit Achterbahn, Schmalspur-
zug und allem, was Kinder mögen.
Es werden auch Strandausritte angeboten.

ESSEN & TRINKEN

Club Histria

★ Für Fischliebhaber ein Muss: Ka-
viarcreme vom Karpfen, eine sagen-
hafte Fischsuppe, schließlich die
Fischplatte mit Zander und Waller;
dazu trinken Sie einen gut gekühl-
ten, halbtrockenen Weißwein aus
der Dobrudscha. *Vergnügungspark
neben dem Binnensee, Tel. 0241/
65 40 69, €€*

Comandor

Elegantes Haus direkt am Schwarzmeerstrand mit Schwimmbad, Restaurant, Diskothek und Nachtbar. *125 Zi., Tel. 0241/83 11 38,€*

Hotel Iaki

Besitzer ist Rumäniens Fußballlegende Gheorghe Hagi. Nach seinem Abschied vom Rasen ließ der Exkicker das 1965 in pseudoklassizistischem Stil gebaute frühere »Hotel Bucuresti« renovieren und außen rosa anstreichen. Der Name »Iaki« weist auf seine Kinder Ianis und Kira hin. Man zahlt gesalzene Preise für den Hauch von Prominenz, doch Fußballfans kommen auf ihre Kosten. Denn neben dem klassischen Service bietet das Hotel in der Videobar die Möglichkeit, Hagis beste Fußballeinsätze auf einem Monitor zu erleben. *Tel. 0241/ 83 10 25, Fax 83 11 69, www. iaki.ro, reception@iaki.ro, €€€*

Rex

Das frühere »International« ist ein 4-Sterne-Haus mit einem hässlichen Außenanstrich. Innen ist es ganz passabel; eine helle Hotelhalle, Restaurant, Bar, Disko, Swimmingpool, Terrasse. Die renovierten Zimmer sind 15 Euro teurer als die nicht renovierten. *102 Zi., Tel. 0241/ 86 22 92, €€*

Savoy

Unter neuem, westlichem Management liegt das Haus direkt am nördlichen Strand. Satelliten-TV, empfehlenswertes Restaurant, Bar, Pool, Sonnenterrassen. *156 Zi., Tel. 0241/83 14 26, www.bestwes tern.ro/savoy, €€*

Zahlreiche Nachtbars und Diskotheken locken Unterhaltungssuchende, eine Disko ist sogar in der Moschee untergebracht. Nachtschwärmer schlendern am Strand ins Hotel zurück, in der Ferne zuckt eine riesige Flamme. Gut, dass es dunkel ist. Denn bei Tag kann man deutlich die Konturen der riesigen Raffinerie erkennen, die Nicolae Ceaușescu im Norden seines Paradeferienortes bauen ließ.

Am Strand von Mamaia finden Badende noch genug Platz

Auf Entdeckungsreise in einem Land der Vielfalt

Die Touren sind in der Karte auf dem hinteren Umschlag und im Reiseatlas ab Seite 116 grün markiert

1 KIRCHEN UND FOLKLORE IN DEN WESTKARPATEN

Hier sagen sich Fuchs und Hase gute Nacht. Die Route von Oradea bis Satu Mare beträgt etwa 180 km. Sie umfahren das Gebirge durch Wälder, Täler und stille Dörfer. Für diese Tour sollten Sie 2–3 Tage einplanen.

Reisen Sie bei Borş aus Ungarn ein und fahren ostwärts auf der Landstraße E60. Die Stadt Oradea ist einen Aufenthalt wert. Im Stadtzentrum um die Piaţa Unirii herum und an der Piaţa Republicii bietet sich eine bezaubernde Architekturlandschaft im Fin-de-Siècle-Stil. Ein Erlebnis ist der Jugendstil-Gebäudekomplex *Vulturul Negru* (Schwarzer Adler), der ein Hotel und mehrere Geschäfte beherbergt, ferner die *Biserică cu Luna* (Kirche mit Mond), die einen den Mondbewe-

Auf dem »lustigen Friedhof« von Săpânţa erzählen die blauen Holzkreuze vom Leben der Verstorbenen

gungen angepassten Mechanismus am Glockenturm hat. Einen halben Tag Flanieren lohnt sich.

Erste Station weiter auf der Landstraße ostwärts ist *Ţileagd* mit seiner protestantisch-reformierten Kirche aus dem 15. Jh. Wieder 14 km weiter östlich, bei Aleşd, verlassen Sie die Landstraße nach Cluj und fahren nach Norden auf der Landstraße Richtung Zalău/Satu Mare. Die Straße schlängelt sich durch eine sanfte Gebirgslandschaft nach *Plopsiş*. Auch in diesem Dorf locken heimelige Bauernholzhäuser. Sollten Sie Kontaktfreude mitbringen, lohnt sich hier ein Blick in die Bauernstuben mit ihren besonders schönen Mitgifttruhen. In *Nuşfalău* schließlich macht sich wieder der abendländische Einfluss bemerkbar: eine gotische Kirche aus dem 15. Jh. und ein ungarischer Herrensitz. Nur acht Kilometer weiter nördlich, im Städtchen *Şimleu Silvaniei* und Umgebung, scheinen sich Epochen und Stile ein Stelldichein gegeben zu haben. Ruinen einer von Türken und Tataren zerstörten Wehrburg des ungarischen Adelsgeschlechts Bathory aus dem Jahr 1532 gesellen sich zu einer gotischen römisch-katholischen Kirche aus gleicher Zeit. Jetzt bietet sich eine Ruhepause am *Stausee Crasna* an, 10 km weiter nördlich. Ab dem Dorf Crasna sind Spaziergänge zur Berghütte Mezes oder um den See herum möglich.

Das Städtchen *Zalău* liegt zwar zwölf Kilometer abseits der Route, Sie sollten es am nächsten Tag aber dennoch besuchen, denn von hier kann man einen sehr zu empfehlenden Abstecher nach *Buciumi* machen.

Das Dorf, berühmt für seine Folklore, speziell für den Bauernchor, liegt etwa 30 km südlich von Zalău. Am besten erleben Sie Trachten und Musik sonntags in der Kirche. Noch prächtiger sind die Trachten an kirchlichen Feiertagen wie Ostern oder Mariä Himmelfahrt am 15. August. In der zweiten Augusthälfte findet in Buciumi ein Dorffest mit Tanz und Chorgesang statt. Am Ende des Tages können Sie, zurück in Zalău, in einem der drei Hotels übernachten *(Information: Hotel Meseş in Zalău , Piaţa 1 Dec. 1918 11, Tel. 0260/66 10 50, Fax 61 64 31)*.

Von Zalău fahren Sie wieder zurück nach Şimleu Silvaniei und weiter nach Norden über Corund Richtung Satu Mare. Sie sind mitten im Wald: *Codru* bedeutet im Rumänischen »Wald«. Dies ist der traditionelle Name dieser Region. Im Dorf *Corund* steht eine der schönsten Holzkirchen der Region: 1723 gebaut, mit gedrechselten Ornamenten, geschmückt mit Öl-auf-Leinwand-Malereien, die den Stil der Maramureş vorwegnehmen. In *Satu Mare* endet die Route.

2 TRACHTEN UND BRAUCHTUM IN DER MARAMUREŞ

Diese Route, die sich unmittelbar an die erste anschließt, bietet einige folkloristische Höhepunkte. Von Satu Mare bis Surdeşti geht es auf einer Strecke von etwa 130 km gen Osten zwischen den Gebirgsmassiven Tibler und Gutii durch Dörfer, in denen die Bauern ihre traditionellen Trachten nicht nur auf Festen, sondern auch im Alltag tragen. Zeitbedarf: 1–2 Tage.

Ab *Satu Mare* fahren Sie auf der Landstraße 19 Richtung Nordosten. Erste Station ist *Săpânţa*. Hier gibt es Folklore in geballter Form. Die Bauern verkaufen ihre Trachten, Teppiche und haarigen Wolldecken. Bekannt sind vor allem die bestickten Frauenhemden. Jedes Jahr im Mai findet hier anlässlich des Almauftriebs ein Volksfest statt.

Das Besondere an der Architektur der Maramureş ist, dass sie fast völlig aus Holz gefertigt ist: Kirchen, Häuser, Zäune und – besonders auffällig – die Tore: 2 bis 3 m hoch, überragen sie die bescheidenen Bauernhäuser und wirken dabei fast wie Totempfähle, die von der Geschichte des Dorfes berichten. So auch hier. Die Freude am Erzählen, vor allem aber der Humor der Menschen, ist auf dem »Lustigen Friedhof« *(Cimitirul Vesel)* zu erleben, dessen breite Grabkreuze aus Holz in heiterem Blau bemalt sind. Darauf wird in Versen und Bildern vom Leben des jeweiligen Verblichenen erzählt.

Sie fahren 24 km weiter östlich an der rumänisch-ukrainischen

Typisches Holztor in der Maramureş

Grenze entlang nach *Sighetu Marmaţiei*. Hier hat das Reich Habsburg düstere Spuren in Gestalt eines Gefängnisses hinterlassen, das man besichtigen kann *(Strada Corneliu Coposu nr. 4, Di–So 10–16 Uhr)*. Das kalte Bauwerk mit meterdicken Mauern, das Kaiserin Maria Theresia für ihre siebenbürgischen Untertanen hatte errichten lassen, wurde auch von den Kommunisten als eine der schlimmsten Haftanstalten für politische Gefangene genutzt. Jetzt ist dieser Ort eine Gedenkstätte.

Ab Sighetu Marmaţiei fahren Sie wenige Kilometer Richtung Süden nach *Vadul Izei*. Von hier bietet sich eine Rundfahrt an. Sie fahren über *Bârsana*, *Bogdanvodă* und *Săcel* nach *Moisei*. In fast allen diesen Orten gibt es sehr schöne Kirchen zu besichtigen.

Besonders bemerkenswert ist das Gotteshaus aus Holz von 1718 im Ort *Bogdanvodă* mit Innenmalereien in traditioneller Technik: Die Farbe ist auf Leinwand aufgetragen, die dann über die Holzwände gespannt wurde. Ab Moisei (Kloster mit Holzkirche) fahren Sie am besten über Vişeu de Sus westwärts zurück nach Vadul Izei. Von hier aus geht es zunächst gen Süden, Richtung Baia Mare, doch schon nach 8 km biegen Sie links ab und fahren bis in das 6 km entfernte *Ocna Şugatag*. Weil es in diesem Ort Heilquellen und somit Tourismus gibt, stehen Ihnen Hotels zur Übernachtung und zur sportlichen Betätigung auch Hallenbäder zur Verfügung *(Information: im Hotel Mara, Strada Unirii 11, Baia Mare, Tel. 0262/22 66 60 oder 22 10 08, Fax 22 66 56)*.

Ab Ocna Şugatag schlängelt sich die Straße etwa 30 km durch das Tal weiter nach Süden. Hier finden Sie in *Surdeşti* die Kirche mit dem höchsten hölzernen Kirchturm Europas vor. Der Turm des Gotteshauses ragt 54 m in die Höhe, innen finden Sie schöne Malereien und kostbare Ikonen. Auf die Fernstraße Baia Mare–Sighetu Marmaţiei gelangen Sie wieder weiter westlich von Surdeşti.

3 KIRCHENBURGEN, DRACULA UND SIEBENBÜRGER SACHSEN

In Siebenbürgen sollen die literarischen Vorbilder für Graf Dracula, Vlad Dracul und sein grausamer Sohn Vlad Ţepeş, im 15. Jh. gelebt haben. Weit mehr reale Spuren aber haben die Siebenbürger Sachsen mit ihren jetzt vom Verfall bedrohten Kirchenburgen hinterlassen. Die Fahrt ab Braşov über Sibiu und Sighişoara ist etwa 350 km lang, mit Abstechern etwa weitere 70 km, und dauert 3 Tage.

Startpunkt ist *Braşov (S. 28ff.)*, das von den Siebenbürger Sachsen Kronstadt genannt wird. Die Tour beginnt mit einem Abstecher nach *Bran (S. 32)*, 20 km südwestlich. Das Schloss aus dem 14. Jh. hatten die Sachsen gebaut und wenig später an die Herrscher der Walachei verloren. Fürst Vlad Ţepeş hielt sich dort auf der Durchreise immer wieder auf. Unbedingt zu empfehlen ist ein zweiter Abstecher zur *Kirchenburg Tartlau,* die als das beeindruckendste Exemplar dieser Art gilt. Der Ort heißt offiziell *Prejmer (S. 34)*. Fahren Sie ab Braşov 16 km Richtung Sfîntu Gheorghe/Întorsura Buzăului. Die Kreuzkirche innerhalb der Burg von Tartlau geht auf einen deutschen Ritterorden zurück. Die runde Wehrmauer mit ihren Wehrtürmen und Schießschar-

ten ist etwas Besonderes: In ihrem Inneren sind auf vier Geschossen 250 Kammern untergebracht, zum Wohnen und zum Horten von Nahrungsmitteln für den Fall einer Belagerung. Eine der Burgkammern war im Mittelalter für die Regelung von Partnerschaftsproblemen vorgesehen: Dort wurden zerstrittene Ehepaare so lange eingesperrt, bis sie sich wieder versöhnten, denn Ehescheidungen waren eher nicht üblich. Dies zeigt nicht nur die damalige Sittenstrenge der Siebenbürger Sachsen, sondern auch einen Teil ihres sehr detailliert organisierten Sozialsystems. Zurück in Braşov, kann die eigentliche Rundfahrt beginnen. Eine gut ausgebaute Serpentinenstraße führt erst einmal nach Westen Richtung *Sibiu (Hermannstadt) (S. 38ff)*. In *Făgăraş* steht mitten im Ort die Schlossburg Fogarasch, die ihre heutige Form zwischen dem 15. und 17. Jh. erhielt. Sie beherbergt ein Museum und eine Gaststätte.

Von Hermannstadt starten Sie dann zur Umrundung Siebenbürgens bis nach *Sighişoara* (Schässburg) *(S. 44f.)*. Sie fahren nach Norden auf der Landstraße Richtung *Mediaş (S. 43)*. Jetzt befinden sie sich mitten im »Alten Land«. So nämlich bezeichnen die Siebenbürger Sachsen die Senke zwischen dem nördlichen Rand der Südkarpaten und dem Beginn des Hochlandes. Hier haben sie im 12. Jh. die ersten Orte gegründet. In *Slimnic (Stolzenburg, S. 45)* steht die Kirche wahrhaft stolz auf einer grün bewachsenen Anhöhe, umfriedet von einer Wehrmauer, daneben das gotische Pfarrhaus.

Gelegenheit zum Entspannen bietet jetzt ein Bad im Salzsee von

In Braşov wird restauriert – oft fehlen jedoch die Mittel

Ocna Sibiului (ca. 20 km südwestlich). Man nannte den Ort, der durch den Einsturz eines Salzbergwerks entstanden ist, Salzburg.

Sie verlassen das Alte Land und fahren weiter über Copşa Mică zurück Richtung Sighişoara. Durch schöne Eichen- und Buchenwälder geht die Tour, bis Sie Mediaş erreichen. 4 km nördlich des Ortes liegt der Bade- und Kurort *Bazna*. Hier kann man in mineralhaltigem Wasser baden (gut gegen Rheuma und Frauenleiden), Schlammpackungen nehmen oder schlicht entspannen *(Informationen für Übernachtungen: Agentur Velimed, Strada Turnului 2, 3125 Mediaş, Tel./Fax 0269/84 51 31).*

Zurück in Mediaş verlassen Sie die Hauptstraße wieder und biegen rechts ab auf eine Rundtour, die Sie nach *Moşna* (Meschen) und zur besonders prachtvollen Kirchenburg *Biertan* (*Birthälm, S. 42*) führt. Aber auch in Moşna beeindruckt das Prachtstück aus dem 15. Jh. mit Wehrtürmen, Basteien, einer dreischiffigen Hallenkirche, freistehendem Glockenturm und Zwinger. Von Moşna aus fahren Sie 7 km weiter südöstlich und biegen dann bei der ersten Weggabelung links ab. In Richtung Norden geht es jetzt nach *Biertan* mit der wohl repräsentativsten Kirchenburg. Das Bauwerk beherrscht das Dorf in seiner Mitte von einer kleinen Anhöhe aus. Es hat sogar eine dreifache Ringmauer. Zwischen 1500 und 1525 gebaut, weist das spätgotische Monument bereits Elemente der Renaissance auf. Innen sind sehenswert das Chorgestühl, die Kanzel mit Steinreliefs und die intarsienverzierte Tür – alles aus dem 16. Jh. stammend.

Von Biertan aus folgen Sie dem Weg weiter nördlich und erreichen bald wieder die Landstraße, die Sie bei Mediaş verlassen haben. Nach etwa 10 km haben Sie *Sighişoara* erreicht. Um den Kreis der Rundfahrt zu schließen, fahren Sie jetzt in südlicher Richtung wieder durch die Hochebene in das Harbach-Tal nach *Agnita* (Agnetheln) mit einer gotischen Kirchenburg aus dem 15. Jh.

Sportlerparadies Karpaten

In Rumänien locken die Berge und das Wasser – versierte Sportler und Anfänger, alle kommen auf ihre Kosten

Von leichten Wanderungen durch sanfte Hügellandschaften bis hin zu anspruchsvollen Klettertouren in den Karpaten, Mountainbiking, Floßfahrten, Expeditionen in die Höhlen und zu den Futterplätzen der Braunbären, Ski und Reiten – alles ist in Rumänien möglich. Reiseveranstalter haben hierzu Angebote und Tipps.

HÖHLENWANDERUNGEN

Höhlenführungen finden in der Regel dienstags bis sonntags von 10 bis 17 oder 18 Uhr statt, teilweise nur in der warmen Jahreszeit (Mai bis September). Spaziergang oder Klettertour – für jeden Grottenfreund ist etwas dabei. Informationen und organisierte Höhlentouren bieten das *Institut für Höhlenforschung Emil Racovita, Strada Clinicilor 5, RO-3400 Cluj-Napoca, Tel./Fax 0040/2 64/19 59 54*, und der *Rumänische Verband der Höhlenforscher, Piata 14 iulie 4, RO-3400 Cluj-Napoca Tel./Fax. 0040/2 64/18 76 57, speo@mail.soroscj.ro.*

Die Karparten bieten Snowboardern noch genug freie Pisten, ihre eleganten, weiten Kurven zu drehen

MOUNTAINBIKING

In der traumhaften Berg-und-Hügel-, Wald-und-Wiesen-Landschaft erlebte Mountainbiking in den letzten Jahren einen großen Aufschwung. Der in Cluj-Napoca ansässige Napoca-Cycloturism Club *(Strada Septimiu Albini 133, apt 18, Tel./Fax 0264/14 29 53, office@ccn.ro, www.dntcj.ro/NGOs/napoca)* hat einen Plan von acht Routen über die schönsten Karpatenpässe erarbeitet, organisiert entsprechende Touren und stellt Fahrräder auch leihweise zur Verfügung. Leihbikes gibt es auch in den Bergurlaubsorten Busteni, Sinaia und Poiana Brașov sowie bei den Radsportclubs in Oradea *(Bike Sport Club, Strada Nufarului 39, Tel. 0259/12 17 45)*, in Sibiu *(Boua Bikes Club, Strada Avram Iancu 25, Tel. 0269/21 83 10)* und in Târgu Mureș *(Robike Mountain Bike Service, Strada Bolyai 24, Tel. 0265/16 03 85)*.

REITEN

Zum Paradies entwickelt sich Rumänien auch für Fans des Reitsports, wobei die Möglichkeiten längst nicht ausgeschöpft sind.

Herrliche Landschaften in unberührter Natur kann man in Poiana Braşov auf dem Pferderücken entdecken. Dort bietet das Centrul de Echitatie *(Tel. 0268/26 21 61)* stundenweise Reittouren. Ausflüge und Reitkurse organisiert auch das Hotel Dracula im Dorf *Danes* bei Schässburg. Wer ganz einsame Expeditionen zu Pferd anstrebt, ist im Ostkarpatendorf *Lunca Ilvei* bei Sângeorz-Bai gut aufgehoben, und zwar im Reitzentrum Ştefan Cel Mare *(Tel. 0263/38 84 70, jcross@elcom.ro).*

TIERE BEOBACHTEN

Wo sich Fuchs und Hase gute Nacht sagen, gibt es auch Wölfe und Bären, und die kann man beobachten. In Siebenbürgen haben sich die Bären sogar zur richtigen Plage entwickelt. Ihre natürlichen Nahrungsquellen scheinen knapp geworden zu sein, sodass sie schon mehrfach in den Vororten der Karpaten-Städte beim Wühlen in Mülltonnen gesehen wurden. Die rumänischen Forstbehörden verteilen deshalb Futter im Gebirge, um die Tiere wieder zurück in den Wald zu locken, und richten für Touristen Ausflüge zu den Futterplätzen ein. Informationen und organisierte Touren gibt es über *Carpathian Nature Tours in 3125 Medias, Strada Vlad Ţepeş 9, Tel. 0245/51 20 96, hkkurmes@verena.net,* außerdem bei der Filiale des rumänischen Ökotourismusvereins *Antrec in Bran, Strada Lucian Bololga 10, Tel./Fax 0268/23 68 84.* Das Tierbeobachtungsgebiet schlechthin ist das Donaudelta, vor allem für Störche und Pelikane und weitere Wasservögel. Gezielte Ausflüge zu den gefiederten Deltabewohnern bietet die Firma Ibistours an, *www.ibistours.net.*

WANDERN & BERGSTEIGEN

Wanderer finden im rumänischen Karpatenbogen eine geradezu atemberaubende Vielfalt an Möglichkeiten vor. Wer sich entschließt, mehrere Tage mit dem Rucksack durch die Berge zu wandern, kann zahlreiche Touren von einer Berghütte *(cabana)* zur anderen machen. Der Service in den *cabanas* ist allerdings sehr unterschiedlich. Man sollte sich auf Übernachten in Gemeinschaftsräumen gefasst machen. Dies dient in jedem Fall der mitunter feuchtfröhlichen Kommunikation mit gleich Gesinnten. Wildes Zelten ist fast überall möglich. Wer kein Zelt mitschleppen möchte, aber einen Schlafsack und Verpflegung dabeihat, findet außerdem Unterkunft in einer jener zahlreichen Holzhütten ohne jede Ausstattung (so genannte *adaposturi*), die jedem Wanderer gratis zur Verfügung stehen. In den rumänischen Wandergebieten hat sich mittlerweile ein Netz von Bergführern etabliert. Angebote für begleitete Wanderungen, abgestimmt auf die Kondition der Teilnehmer, finden sich zum Beispiel unter *www.mountainguide.ro.* Ratschläge und Erfahrungsberichte gibt es bei *www.karpatenwilli.de.*

Zu den klassischen Wandergebieten gehören in den Südkarpaten das Postăvarul-Massiv, erreichbar ab Poiana Braşov, die Piatra Craiului (Königstein) in der Nähe von Schloss Bran, das Bucegi-Gebirge bei Buşteni, das Făgăraş-Gebirge in

Die Karpaten sind ideal zum Wandern und zum Klettern

der Nähe von Sibiu und das wilde Retezat-Gebirge im Südwesten. In Brașov sind die meisten Wanderclubs ansässig, darunter die *Asociația Ghizilor Montani (Bergführer-Verein), Strada Toamnei 2, 2200 Brașov, Tel. 0268/18 56 31, agmr@go.ro*. Im westlichen Bergland (Muntii Apuseni) zieht es die meisten Wanderer zum Padis-Plateau südwestlich von Cluj-Napoca, dem Ausgangspunkt zum Aufstieg auf die Gipfel Magura Vanata und Cârligatele, beide gut 1600 m über dem Meeresspiegel. Ein weiterer Ausgangspunkt für Wanderungen zu diesen Gipfeln ist Stana de Vale. Die Cheile Turzii bieten einen leichteren mehrstündigen Wanderweg, erreichbar von der Stadt Turda.

In den Ostkarpaten lockt das Ceahlău-Massiv, der so genannte »Olymp der Moldau«. Beliebt sind von den Orten Durău, Ceahlău, Bicaz und Bicazul Ardelean die markierten Wege zur *cabana* am 1790 m hohen Gipfel Dochia hin. Weitere Wandergebiete erstrecken sich im Rarau-Gebirge in der Gegend von Câmpulung Moldovenesc. An der per Auto erreichbaren *cabana* Rarau beginnt der etwa halbstündige Aufstieg zu den berühmten Felsen Pietrele Doamnei (Die Steine der Dame).

WINTERSPORT

In Rumänien herrschen von Dezember bis März in der Regel ausgezeichnete Wintersportverhältnisse. Am besten ausgestattet sind die traditionsreichen Bergurlaubsregionen in den Südkarpaten: Poiana Brașov, Sinaia und Predeal (mit fremdsprachenkundigen Skilehrern). Skilangläufer sind gut in Fundata aufgehoben. Skikurse kann man über das Tourismuszentrum unter *Tel. 0268/26 23 10* buchen.

Austoben nach Herzenslust

Temperamentvolle Kids haben in Rumänien freie Bahn. Noch dazu locken spannende Burgen, Höhlen und echte Naturerlebnisse

Zwar sind die Rumänen erklärtermaßen kinderfreundlich, doch schlägt sich dies noch ungenügend in der touristischen Infrastruktur nieder. An der Schwarzmeerküste haben die meisten Hotels Kinderpools, und in vielen Herbergen wird bereitwillig ein weiteres Bett ins Zimmer gestellt. Kinderspielplätze sind allerdings in der Regel lieblos ausgestattet und entsprechen nicht immer westeuropäischen Sicherheitsstandards.

Andererseits dürfen die Kids im Karpatenland nach Belieben lärmen und sich austoben. Dies erregt nicht nur keinen Anstoß, sondern erntet sogar Sympathie und Anerkennung.

Für den Urlaub mit Kleinkindern eignen sich am ehesten die Badeorte am Schwarzen Meer wegen der langen, seichten Ufer oder, noch besser, die Bauernhöfe in Siebenbürgen. Wer größere Kinder auf Besichtigungs-Rundreisen mitnimmt, sollte diese am besten per Auto unternehmen, denn der Transport mit öffentlichen Verkehrsmitteln ist unzuverlässig, an-

Toben erwünscht: Rumänische Kinder sollen viel Lärm machen

strengend und für Kinder auch langweilig.

Mit ins Reisegepäck gehören in jedem Fall Mittel gegen Durchfall, schon allein wegen der manchmal verdorbenen Eiscreme, die auf der Straße angeboten wird, außerdem Salben gegen Insektenstiche und eine starke Sonnencreme. Aus dem Westen importierte Babynahrung oder Windeln gibt es in nahezu jedem Supermarkt und in fast jeder Apotheke, sodass Sie keine großen Vorräte mitzunehmen brauchen, es sei denn, Sie bevorzugen bestimmte Marken.

Die Eintrittspreise sind durchweg gering. Sie betragen in der Regel 50 Cent für Erwachsene, Kinder bezahlen die Hälfte.

TRANSSILVANIEN

Schlammvulkane von Berca [122 C2]

Dies ist eine spektakuläre, seltene Naturerscheinung, nicht ganz ungefährlich. Für Kinder ab sechs Jahren ist es sicher ein Riesenspaß, für manche Eltern aber möglicherweise nicht, denn man macht sich dort garantiert schmutzig: Auf einem großen Areal nahe der Ortschaft Berca gluckert es aus vielen kleinen Schlammpfützen, manchmal spritzt ein ganzer Schwall hoch. Grund dafür ist Erdgas, das aus der Tiefe an die Oberfläche dringt. Man muss sehr aufpassen, dass man nicht aus Versehen in eine der Pfützen tritt, denn an scheinbar trockenen Stellen kann der Boden plötzlich nachgeben und man bleibt bis zur Hüfte im Schlammkrater stecken. Für Menschen mit Humor ergibt sich daraus bestimmt ein lustiges Urlaubsfoto. Noch gibt es keine organisierten Führungen zu den Schlammvulkanen. Man muss in Berca nach den Pâclele Mari (sprich: pücklele mar) fragen. Berca liegt 20 km nördlich von Buzău, auf der Strecke Richtung Brașov. Der Abstecher würde sich eignen für Reisende, die aus Siebenbürgen zum Schwarzen Meer oder nach Bukarest fahren wollen.

Draculaburg
in Schässburg   [121 F1]
In dieser zauberhaften mittelalterlichen Burg können sich Kinder und kindliche Gemüter in alle möglichen Märchen und Sagen hineindenken: Dornröschen könnte hier wach geküsst worden sein, vielleicht sogar vom Grafen Dracula, der dort geboren sein soll. Ein Spaziergang vom Schässburger Stundturm zum Draculahotel ist ein Erlebnis auch für Kinder, die sonst für Baudenkmäler nichts übrig haben.

Gletscherhöhle
von Scărișoara   [117 D 4–5]
Ein Riesen-Eisblock mitten im Berg – auch noch so abgebrühte Kids werden bei diesem Naturspektakel aus gefrorenem Wasser und science-fiction-artigen Lichteffekten

begeistert sein. Außerdem handelt es sich um eine richtige Expedition, denn man muss sich wegen der Eiseskälte in der Grotte sogar im Sommer warm anziehen. Schon der Hinweg ist abenteuerlich: Man fährt von Oradea in südlicher Richtung über Beius und Stei nach Garda de Sus. Von dort geht es auf einem unasphaltierten Weg 18 km weit zur Höhle. *Di–So 10–16 Uhr*

BUKAREST UND WALACHEI

Antipa-Museum
in Bukarest   [0]
Zwar ist die Museumstechnik in Rumänien noch unterentwickelt und das Naturkundemuseum in Bukarest dürfte unter diesem Gesichtspunkt etwas angestaubt wirken, aber Kinder werden an den ausgestopften Tieren ihren Spaß haben, vor allem an dem richtigen Dinosaurierskelett. *Di–So 10–17 Uhr*

Herăstrău-Park   [0]
Rumäniens Hauptstadt ist anstrengend – schon für Erwachsene und für Kinder erst recht. Entspannung, Platz zum Toben und Kinderspielplätze finden sich im Herăstrău-Park im Norden der Stadt. Mit etwas Glück ist auch das Riesenrad gerade in Betrieb.

Parlamentspalast
in Bukarest   [U B–C 5]
Der grotesk große, scheußliche Palast, den der kommunistische Diktator Ceaușescu einst erbauen ließ, dürfte auch für Kinder ab zehn Jahren ein beeindruckendes Erlebnis sein. In jedem Fall aber Anschauungsmaterial über die Folgen, die politischer Größenwahn hat – für den Fall, dass Reisende mit der

Jeder kümmert sich um den Nachwuchs

Politikerziehung ihrer Kinder früh beginnen wollen. *Tgl. 10–16 Uhr; Erwachsene und Kinder 3,50 Euro*

MOLDAU

Insider Tipp

Salzbergwerk in Cacica [118 B2]

Wer seine Kinder bereits auf die architekturlastige Klöstertour in die Moldau mitgenommen hat, sollte sie zur Abwechslung in das frühere Salzbergwerk in Cacica 15 km nördlich von Gura Humorului führen. Unter der Erde befinden sich ein großer Salzwassersee, ein Tanzsaal und ein Saal mit Salzskulpturen, außerdem eine Kapelle zu Ehren der heiligen Barbara, Schutzpatronin der Bergleute. Gleich am Bergwerkseingang hängt eine Marienikone, der Wunderkräfte zugeschrieben werden, weshalb immer wieder zahlreiche Pilger kommen. Voll wird es an Mariä Himmelfahrt, wenn unter Tage Gottesdienste stattfinden. *Tgl. 9–16 Uhr*

SCHWARZMEERKÜSTE

Insider Tipp

Naturreservat Hagieni [123 E5]

Eine überraschende Oase in der sonst kahlen Landschaft: Inmitten von 550 seltenen Arten von Steppenpflanzen kriechen Schildkröten, ungefährliche Schlangen und mehrere Eidechsenarten herum. Ein Spaß für die ganze Familie, wenn das Baden und Sonnen am Schwarzen Meer langweilig geworden ist. Man fährt von Mangalia 13 km westlich Richtung Negru Voda bis kurz vor das Dorf Albesti. Interessant ist auch das 5 km südlich von Albesti am Rand des Reservats gelegene typische Tatarendorf Hagieni.

See Limanu mit Grotte [123 E5]

Die 4 km lange, labyrinthartige Grotte am Süßwassersee Limanu, 2 km südlich von Mangalia, lädt zum Versteckspielen ein. So können die Kinder die verzweigte Höhle herrlich erkunden.

Angesagt!

Was Sie wissen sollten über Trends, die Szene und Kuriositäten in Rumänien

Popmusik

Die rumänische Jugend schwankt in ihren musikalischen Vorlieben zwischen westlichen Vorbildern und Tradition. Es gibt unzählige jugendliche Bands, die einheimischen Dance, Rock, Hiphop und Rap produzieren und in den Kneipen auftreten. Der Folklore am nächsten sind die so genannten *Manele*. »König« der *Manele* ist der Sänger Adrian Copilul Minune. Seine Kassetten und CDs, wie auch die Tonträger anderer Musik, sind auf der Straße bei fliegenden Händlern zu finden.

Handkuss

In Rumänien werden Damenhände geküsst. Diese altmodische Art der Begrüßung ist auch während des Kommunismus nicht ausgestorben und erfreut sich seit dessen Fall wachsender Beliebtheit, auch und gerade bei jungen Leuten. Die Touristin muss es mit Fassung tragen, dass sie von männlichen Rumänen mit einem heftigen und manchmal auch feuchten Schmatz auf den Handrücken bedacht wird. Verbal wird eine Frau nach österreichischem Modell mit »Küss die Hand!« begrüßt. Rumänisch heißt das *Sarut mana* (sprich: sörutt müna). Der Rumäne verwendet die Begrüßung sogar im Umgang mit der Dame hinter einem Amtsschalter, die garantiert dahinschmilzt, wenn sie es von einem Ausländer hört.

Kleider machen Leute

Rumänien liegt in mancherlei Hinsicht hinter dem Mond, in puncto Mode jedoch sicherlich nicht. Die Eleganz der Damen (der jungen Leute beiderlei Geschlechts) vor allem in Bukarest ist auffallend – dies nicht erst seit heute. Die in der Regel zart gebauten Rumäninnen haben zwar nicht viel Geld für Klamotten, aber sie wissen, was ihnen gut steht, und sie sind über die neuesten Trends informiert. Sie tragen kurze, enge Röcke, figurbetonte Blusen, geschmackvolle Farbenzusammenstellungen, hochhackige Schuhe und würden sich lieber verstecken, als ohne Make-up das Haus zu verlassen. Bei den älteren Menschen hingegen ist die Kleidung immer noch deutlich ein Hinweis auf ihre Herkunft, auf ihre Erziehung und auf ihren Geldbeutel.

Von Anreise bis Zoll

Hier finden Sie kurz gefasst die wichtigsten Adressen und Informationen für Ihre Rumänienreise

ANREISE

Auto
Von Wien auf der E 60 nach Budapest und weiter über Püspökladány nach Oradea und Cluj. Oder ab Budapest auf der E 75 über Szeged und Arad nach Bukarest.

Bahn
Nach Bukarest gelangen Sie mit dem Eurocity über Wien und Budapest. Morgens fahren Sie in München los, am späten Nachmittag steigen Sie in Budapest in den Nachtzug und erreichen Bukarest am nächsten Morgen (etwa 22 Std., Preis hin und zurück ca. 325 Euro).

Flugzeug
Lufthansa bietet täglich Direktflüge von Frankfurt und München nach Bukarest an. Die rumänische Hauptstadt wird auch von Wien und Zürich direkt angeflogen. Der Preis für einen Hin- und Rückflug ab Frankfurt für eine Person liegt bei 400 Euro. Mit der rumänischen Fluggesellschaft Tarom fliegt man von München aus für 350 Euro direkt nach Bukarest. Die ungarische Fluglinie Malev bietet Flüge über Budapest schon ab 225 Euro an. Über Amsterdam erreicht man mit KLM Bukarest ebenfalls für ca. 225 Euro. In der Hauptsaison gibt es Charterflüge nach Siebenbürgen, in die Moldau und ans Schwarze Meer.

Schiff
Es gibt die Möglichkeit, auf der Donau bis ans Schwarze Meer zu reisen. Die Fahrt von Passau bis nach Sulina oder Izmail dauert zehn Tage. Es bestehen jedoch keine regelmäßigen Schiffsverbindungen, weil die Donau wegen der Brückenzerstörungen nach dem Jugoslawienkrieg bei Novi Sad noch nicht wieder passierbar ist.

AUSKUNFT

Rumänische Touristenbüros
Zeil 13, 60313 Frankfurt/Main, Tel. 069/29 52 78, Fax 29 29 47 Budapester Str. 20A, 10787 Berlin, Tel. und Fax 030/241 90 41 Währinger Str. 6–8, 1090 Wien, Tel. 01/317 31 57, Fax 31 73 15 74 Schweizergasse 10, 8001 Zürich, Tel. 01/211 17 30, Fax 211 17 45, www.rotravel.com

AUTO

Ein Kapitel für sich. Autofahrer aus Deutschland, Österreich oder der Schweiz müssen ganz schnell umdenken. Erstes Gebot: ohne Promille fahren. In Rumänien gilt absolutes Alkoholverbot. Und das wird recht häufig auch kontrolliert. In jedem Fall vorsichtig fahren! Die Straßen sind zwar besser als ihr Ruf, doch innerhalb der Ortschaften können sich unerwartete Schlaglöcher auftun, die mitteleuropäische Fahrer einfach nicht gewohnt sind. Unbedingt an die Höchstgeschwindigkeit halten, auch wenn die Rumänen häufig wesentlich schneller fahren. Die Straßen sind sehr belebt mit Fußgängern, Tieren (Hunde, Pferde, Kühe, Gänse) und Fuhrwerken. Die alten rumänischen Autos der Marken Dacia oder Oltcit sieht man kaum noch, dafür aber viel »westlichen Schrott«. Ampeln schalten direkt um, es gibt keine gelbe Phase.

Es gilt Tempo 120 auf Autobahnen, 90 auf Landstraßen außerhalb der Ortschaften und 50 innerhalb, für Motorräder 50 bzw. 40 km/h. Das Tankstellennetz ist – zumindest an den Hauptstraßen – recht großzügig ausgebaut. Mit Kreditkarten können Sie dort derzeit aber noch nicht zahlen.

BANKEN

Banken sind werktags von 8 bis 13 und 14–18 Uhr geöffnet. Dort können auch Reiseschecks eingelöst werden. Geldwechseln ist jedoch in größeren Hotels und privaten Geldstuben günstiger. Auf keinen Fall bei Privatleuten auf der Straße Geld tauschen, man wird betrogen!

BUSSE & EISENBAHNEN

Die Linienbusverbindungen sind dürftig. Oftmals verkehren die Busse zwischen den einzelnen Orten nur einmal am Tag. Die Abfahrtszeiten werden häufig nicht eingehalten. Von den größeren Städten aus gibt es Ausflüge per Bus. Informationen über Touren in das Umland erfragen Sie bitte bei den jeweiligen Touristenbüros.

Die größeren Städte werden vom rumänischen Eisenbahnnetz bedient. Zugreisen sind relativ preiswert. Es empfiehlt sich, Karten für die 1. Klasse zu lösen.

CAMPING

In Rumänien gibt es ungefähr 50 Campingplätze, die meist von Mai bis September geöffnet sind. Ihr Komfort ist allerdings nicht sehr groß. Örtlichen Hinweisschildern folgen.

DIPLOMATISCHE VERTRETUNGEN

Deutsche Botschaft
Strada Rabat 21, 71272 Bukarest, Tel. 021/230 25 80, germanembassy bucharest@ines.ro
Konsulat in Sibiu (Hermannstadt), Strada Hegel 3, Tel. 0269/21 27 59
Konsulat Timisoara (Temeswar), Strada Mureş 116A, Tel. 0265/19 04 95, Fax 19 04 87

Österreichische Botschaft
Strada Dumbrava roşie 7, 70254 Bukarest, Tel. 021/210 43 54, Fax 210 08 85, austria@dial.kappa.ro

Botschaft der Schweiz
Strada Pitar Moş 12, Bukarest, Tel. 021/210 03 78, Fax 210 03 24, swiembuc@canad.ro

EINREISE

Zur Einreise nach Rumänien brauchen EU-Bürger und auch Schweizer einen mindestens noch drei Monate gültigen Reisepass.

FKK

FKK wird an etlichen Schwarzmeerstränden, die eigens ausgeschildert sind, praktiziert. Oben ohne ist auch kein Problem. Einige wenige Hotels haben eigene FKK-Strandabschnitte.

FOTOGRAFIEREN

Das Fotografieren ist fast überall erlaubt, nur nicht an Brücken, Flugplätzen und militärischen Einrichtungen. Ein Schild mit einer durchgestrichenen Kamera macht auf das Verbot aufmerksam. Daran sollte man sich strikt halten.

GELD

Die Landeswährung ist der stark inflationäre Leu (Mehrzahl Lei). Es gibt Münzen zu 500, 1000 und 5000 Lei, Scheine zu 2000, 10 000, 50 000 und 500 000 Lei.

GESUNDHEIT

Es gibt genügend Ärzte, nur an Medikamenten hapert es manchmal. Es empfiehlt sich, Arzneien (etwa gegen Kopfschmerzen, Grippe, Mückenstiche, Durchfall) im Reisegepäck mitzunehmen. Ärztliche Betreuung kann jeder auf Grund eines bilateralen Abkommens erhalten. Trotzdem ist es ratsam, sich zu Hause einen Auslandskrankenschein ausstellen zu lassen. Rumänische Ärzte verdienen sehr wenig; es ist daher für Touristen nicht schwer, die ärztliche Leistung auch bar zu zahlen (in Devisen).

Was kostet wie viel?

Kaffee	**80 Cent** für eine Tasse Kaffee
Bier	**ca. 1 Euro** für ein Bier
Essen	**5 Euro** für ein Tagesgericht
Brezel	**1,20 Euro** für eine Brezel
Benzin	**76 Cent** für einen Liter bleifreies Benzin
Schnellzug	**ca. 3 Euro** für 100 Kilometer mit einem komfortablen Schnellzug

HOTELS

Vor allem in den Städten, aber auch in den touristischen Gebieten wie an der Schwarzmeerküste und in den Karpaten sind neue Hotels mit dem üblichen westlichen Komfort entstanden oder alte Gebäude renoviert worden. An vielen Straßen in den Karpaten werden Motels *(hanul)* gebaut bzw. wieder in Schuss gebracht, die im Durchschnitt einen guten Standard haben und auch preislich recht günstig sind. Am preiswertesten sind noch Privatunterkünfte, die von den örtlichen Touristenbüros vermittelt werden.

INTERNET

Über Rumänien gibt es Sites wie zum Beispiel *www.rotravel.ro; www.turism.ro; www.hotelnet.ro; www.karpatenwilli.de.* Wer sich vor

105

der Reise über Rumänien besonders intensiv informieren will, kann bei Radio Freies Europa unter *news line-request@list.rferl.org* tägliche Versorgung mit aktuellen Nachrichten per E-Mail bestellen.

INTERNETCAFÉS

Das Land ist mit Internetanschlüssen bestens versorgt. In fast jeder Kleinstadt gibt es mindestens ein Internetcafé, in der Hauptstadt Bukarest Dutzende. Surfen im Netz kostet dort 1,50 bis 2 Euro, in der Provinz 50 bis 75 Cent pro Stunde. Adressen:

Bukarest: Internet-Café, Calea Victoriei 136, Tel. 021/650 42 14
Timişoara (Temeswar): Internet Java, Strada Pacha 6, geöffnet tgl. nonstop
Braşov (Kronstadt): Internet Hercules, im Kellerlokal Discul de Aur, Piata Sfatului (Rathausplatz) Nr. 6, Tel. 0268/41 01 64

LITERATUR

– Keno Verseck, Rumänien. Ein präziser, kenntnisreicher Überblick über Land und Leute, Geschichte, Kultur und Politik.
– Richard Wagner: Sonderweg Rumänien. Bericht aus einem Entwicklungsland, ausführliche Beschreibung und Bewertung der rumänischen Revolution 1989 und der unmittelbaren politischen Entwicklung danach.
– Gregor von Rezzori, Geschichten aus Maghrebinien. Klassiker, der immer wieder neu aufgelegt wird. Amüsante, satirische Kurzgeschichten, die in einem balkanischen Phantasieland spielen, in dem Kenner Rumänien wiederzuerkennen meinen. Rezzori, in Czernowitz in

www.marcopolo.de

Das Reiseweb mit Insider-Tipps

Mit Informationen zu mehr als 4 000 Reisezielen ist MARCO POLO auch im Internet vertreten. Sie wollen nach Paris, in die Dominikanische Republik oder ins australische Outback? Per Mausklick erfahren Sie unter www.marcopolo.de das Wissenswerte über Ihr Reiseziel. Zusätzlich zu den Reiseführerinfos finden Sie online:

• täglich aktuelle Reisenews und interessante Reportagen
• regelmäßig Themenspecials und Gewinnspiele
• Miniguides zum Ausdrucken

Gestalten Sie MARCO POLO im Web mit: Verraten Sie uns Ihren persönlichen Insider-Tipp, und erfahren Sie, was andere Leser vor Ort erlebt haben. Und: Ihre Lieblingstipps können Sie in Ihrem MARCO POLO Notizbuch sammeln. Entdecken Sie die Welt mit www.marcopolo.de! Holen Sie sich die neuesten Informationen, und haben Sie noch mehr Spaß am Reisen!

der Bukowina geboren, hat in seiner Jugend einige Zeit in Bukarest verbracht.

MIETWAGEN

In den Städten können Autos nahezu aller Marken gemietet werden. Die Wagen müssen nicht bei der gleichen Agentur zurückgegeben werden, bei der sie angemietet wurden. Die Tagespauschale beträgt mindestens 20 Euro, pro km werden umgerechnet 25 Cent hinzuberechnet. Eine Kaution von ca. 100 Euro muss hinterlegt werden.

Weitere Angebote für Autovermietungen finden Sie unter *www.marcopolo.de.*

NOTRUF

Polizei: *955,*
Unfallrettung: *961,*
dazu die jeweilige Vorwahl.
Dauert auf dem Land lange.

ÖFFNUNGSZEITEN

Die staatlichen Geschäfte haben von *9 bis 18 Uhr* geöffnet und sind sonntags geschlossen. Die privaten Geschäfte haben auch sonntags und oft bis spät in die Nacht hinein auf. Darüber hinaus gibt es etliche Non-Stop-Supermärkte. Eine gesetzliche Regelung ist bislang noch nicht vorhanden.

POST

Die Postämter sind *Mo–Fr von 7 bis 20, Sa 9–12 Uhr* geöffnet. Die Portotarife wechseln wegen der hohen Inflation ständig. Briefkästen sind gelb oder rot und tragen die Aufschrift »Posta«.

STROM

220 Volt Wechselstrom. Ein Adapter ist nicht nötig.

TAXI

Ein billiges Vergnügen, obwohl Ausländer wesentlich mehr zahlen als Einheimische.

TELEFON & HANDY

Das rumänische Telefonnetz hat bis auf einige Ausnahmen in entlegenen Dörfern europäischen Standard. Es gibt Münz- und Kartentelefone, einige sind sogar für Auslandsgespräche geeignet. Achtung: Gespräche aus Rumänien ins Ausland sind im europäischen Vergleich die teuersten (5-minütiges Gespräch nach Deutschland: ca. 3,60 Euro).

Vorwahl Rumänien: 0040, nach Deutschland 0049, nach Österreich 0043, in die Schweiz 0041

In Rumänien haben sich alle Vorwahlnummern geändert. Nach der Null am Anfang wird eine 2 gewählt, dann weiter die bisherige Vorwahl. Wählte man früher zum Beispiel für Bukarest aus dem Inland 01, aus dem Ausland 0040/1, wählt man jetzt stattdessen 021 (Inland) und 0040/21 (Ausland).

Wer in Rumänien ein Handy mit deutscher Sim-Karte benutzt, bezahlt für das Telefonieren viel Geld. Die Preise bestimmen die jeweiligen deutschen Mobilfunk-Anbieter. Man kann aber Prepaid-Karten am Flughafen oder bei einer der zwei großen Mobilfunk-Gesellschaften Connex oder Mobil-Rom (Firma Orange) für etwa 30 Euro kaufen. Auslandsgespräche kosten dann tagsüber 80 Cent bis 1,20 Euro pro

Minute, nach 18 Uhr nur noch 50 bis 90 Cent.

TRINKGELD

Man gibt in Restaurants 10 bis 15 Prozent der Rechnung. Der Weinkellner erhält auch ein kleines Trinkgeld.

ZEIT

In Rumänien gilt die Osteuropäische Zeit. Mitteleuropäer müssen die Uhr eine Stunde vorstellen.

ZEITUNGEN

Es gibt in Rumänien mehrere deutschsprachige Zeitungen. In Sibiu erscheint die »Hermannstädter Zeitung«, in Bukarest »Die Allgemeine Deutsche Zeitung«.

ZOLL

Bei der Einreise sind Gegenstände des persönlichen Bedarfs sowie Geschenke zollfrei.

Bei der Ausreise wird für Teppiche, Stick-, Strick- und Lederwaren sowie Kristall- und Porzellanartikel ein Ausfuhrzoll von 20 Prozent des Einkaufspreises erhoben. Für die Ausfuhr von Antiquitäten (Ikonen, Silber, alte Bilder und Bücher – Quittungen aufbewahren!) braucht man eine besondere Genehmigung der Zentralen Staatskommission für das nationale Kulturgut in Bukarest. Es ist verboten, Benzin/Diesel auszuführen (Ersatzkanister vor der Ausreise leeren!). Bei Wiedereinreise in die EU sind u. a. 200 Zigaretten, 2 l Wein, 1 l Spirituosen sowie Waren bis zu einem Gesamtwert von 175 Euro zollfrei.

Wetter in Constanţa

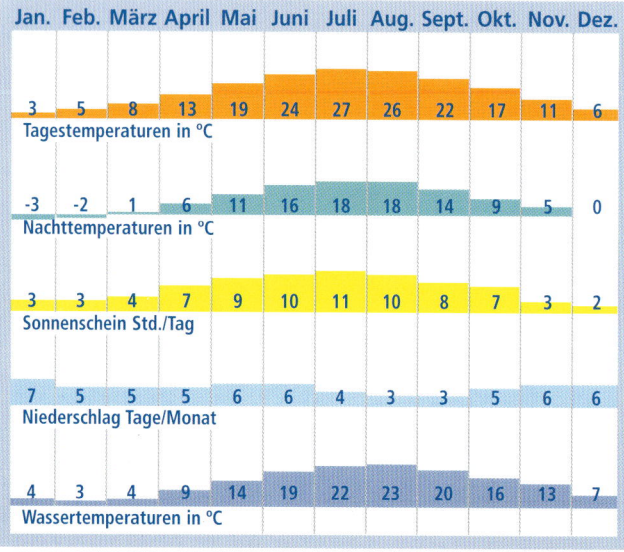

	Jan.	Feb.	März	April	Mai	Juni	Juli	Aug.	Sept.	Okt.	Nov.	Dez.
Tagestemperaturen in °C	3	5	8	13	19	24	27	26	22	17	11	6
Nachttemperaturen in °C	-3	-2	1	6	11	16	18	18	14	9	5	0
Sonnenschein Std./Tag	3	3	4	7	9	10	11	10	8	7	3	2
Niederschlag Tage/Monat	7	5	5	5	6	6	4	3	3	5	6	6
Wassertemperaturen in °C	4	3	4	9	14	19	22	23	20	16	13	7

Vorbiţi româneşte?

»Sprechen Sie Rumänisch?«
Dieser Sprachführer hilft Ihnen, die wichtigsten
Wörter und Sätze auf Rumänisch zu sagen

Zur Erleichterung der Aussprache sind alle rumänischen Wörter mit einer einfachen Aussprache (in eckigen Klammern) versehen.

AUF EINEN BLICK

Ja./Nein.	Da./Nu. [da/nu]
Vielleicht.	Poate. [poate]
Bitte.	Vă rog. [wö rog]
Vielen Dank!	Mulţumesc frumos. [multzumessk frumoss]
Gern geschehen.	Cu plăcere. [ku plötschere]
Entschuldigung!	Scuzaţi. [sskusatzj]
Wie bitte?	Poftim? [poftim]
Ich verstehe Sie/dich nicht.	Nu vă/te înţeleg. [nu wö/te üntzeleg]
Ich spreche nur wenig …	Vorbesc numai puţin … [worbessk numaj putzin…]
Können Sie mir bitte helfen?	Mă puteţi ajuta, vă rog? [mö putetzj aschuta wö rog]
Ich möchte …	Aş dori … [asch dori …]
Das gefällt mir (nicht).	Aceasta îmi place (nu-mi place). [atscheasta ümi platsche (numi platsche)]
Haben Sie …?	Aveţi …? [awetzj …]
Wie viel kostet es?	Cît costă aceasta? [küt kosstö atscheasta]
Wie viel Uhr ist es?	Cît este ceasul? [küt iesste tscheassul]

KENNENLERNEN

Guten Morgen!	Bună dimineaţa! [bunö dimineatza]
Guten Tag!	Bună ziua! [bunö siua]
Guten Abend!	Bună seara! [bunö sseara]
Hallo! Grüß dich!	Te salut! [te ssalut]
Mein Name ist …	Numele meu este … [numele meu esste]
Wie ist Ihr/dein Name?	Cum vă numiţi/te numeşti? [kum wö numitzj/te numeschtj]
Wie geht es Ihnen/dir?	Ce mai faceţi/faci? [tsche maj fatschetzj/fatschj]

Danke. Und Ihnen/dir?	Muţumesc. Şi dumneavoastră?/tu? [multzumessk schi dumneawoasströ/tu]
Auf Wiedersehen!	La revedere! [la rewedere]
Tschüss!	Salut! [ssalut]
Bis morgen!	Pe mîine! [pe müjne]

UNTERWEGS

Auskunft

links/rechts	la stînga/la dreapta [la sstünga/dreapta]
geradeaus	drept înainte [drept ünajinte]
nah/weit	aproape/departe [aproape/departe]
Bitte, wo ist ...	Vă rog, unde este ... [wö rog unde iesste]
... der Hauptbahnhof?	... gara centrală? [gara tschentralö]
... der Flughafen?	... aeroportul? [airoportul]
Wie weit ist das?	La ce distanţă se află? [la tsche disstantzö sse aflö]

Panne

Ich habe eine Panne.	Am rămas în pană. [am römass ün panö]
Würden Sie mir bitte einen Abschleppwagen schicken?	Vă rog, puteţi să-mi trimiteţi o maşină de remorcat? [wö rog putetzj sömj trimitetzj o maschinö de remorkat]
Wo ist hier in der Nähe eine Werkstatt?	Unde este în apropiere un atelier de reparaţii auto? [unde iesste ün apropjere un ateljer de reparatzij auto]

Tankstelle

Wo ist die nächste Tankstelle?	Unde este cea mai apropiată staţie de benzină? [unde iesste tschea maj apropjatö statzije de bensinö]
Ich möchte ... Liter ...	Doresc ... litri de ... [doressk ... litri de ...]
... Normalbenzin.	... benzină regular. [bensinö regular]
... Super./Diesel.	... benzină premium./motorină. [bensinö premjum/motorinö]
... bleifrei/verbleit.	... benzină fără/cu plumb. [bensinö förö/ku plumb]
Voll tanken, bitte.	Plinul, vă rog. [plinul wö rog]

Unfall

Hilfe!	Ajutor! [aschutor]
Achtung!	Atenţie! [atentzje]
Vorsicht!	Cu atenţie! [ku atentzje]
Rufen Sie bitte ...	Vă rog, chemaţi ... [wö rog kematzj ...]
... einen Krankenwagen.	... salvarea. [ssalwarea]
... die Polizei.	... poliţia. [politzja]
... die Feuerwehr.	... pompierii. [pompjeri]

Es war meine/Ihre Schuld.	A fost greşeala mea/dumneavoastră. [a fosst grescheala mea/dumneawoaströ]
Geben Sie mir bitte Ihren Namen und Ihre Anschrift.	Spuneţi-mi, vă rog, numele şi adresa dumneavoastră. [spunetzimj wö rog numele schi adressa dumneawoaströ]

ESSEN/UNTERHALTUNG

Wo gibt es hier …	Unde găsesc pe aici … [unde gössessk pe ajitsch]
… ein gutes Restaurant?	… un restaurant bun? [un resstaurant bun]
… eine gemütliche Kneipe?	… un local plăcut? [un lokal plökut]
Reservieren Sie uns bitte für heute Abend einen Tisch für vier Personen.	Rezervaţi-ne, vă rog, o masă de patru persoane pentru această seară. [reserwatzine wö rog o massö de patru]
Auf Ihr Wohl!	In sănătatea dumneavoastră! [ün ssönötatea dumneawoasströ]
Bezahlen, bitte.	Plata, vă rog. [plata wö rog]

EINKAUFEN

Wo finde ich …	Unde găsesc … [unde gössessk]
… eine Apotheke?	… o farmacie? [o farmatschije]
… eine Bäckerei/Brotladen?	… un centru de pîine/o brutărie? [un tschentru de püjne/o brutörije]
… ein Fotogeschäft?	… un magazin cu articole foto? [un magasin ku artikole foto]
… ein Kaufhaus?	… un magazin universal? [un magasin universsal]
… ein Lebensmittelgeschäft?	… o alimentară? [o alimentarö]
… einen Markt?	… o piaţă? [o pijatzö]

ÜBERNACHTUNG

Können Sie mir bitte … empfehlen?	Vă rog, puteţi să-mi recomandaţi … [wö rog putetzj sömj rekomandatzj]
… ein Hotel …	… un hotel? [un hotel]
… eine Pension …	… o pensiune? [o penssiune]
Ich habe bei Ihnen ein Zimmer reserviert.	Am rezervat la dumneavoastră o cameră. [am reserwat la dumneawoasströ o kamerö]
Haben Sie noch Zimmer frei?	Mai aveţi o cameră liberă? [maj avez o kamerö liberö]
ein Einzelzimmer	cu un pat [ku un pat]
ein Doppelzimmer	cu două paturi [ku douo paturj]
mit Dusche/Bad	cu duş/baie [ku dusch/baje]
für eine Nacht	pentru o noapte [pentru o noapte]

für eine Woche	pentru o săptămînă
	[pentru o ssöptömünö]
Wie viel kostet das Zimmer mit …	Cît costă o cameră cu …
	[küt kosstö o kamerö ku …]
… Frühstück?	… micul dejun? [mikul deschun]
… Halbpension?	… demipensiune? [demipenssijune]

PRAKTISCHE INFORMATIONEN

Arzt

Können Sie mir einen guten Arzt empfehlen?	Puteţi să-mi recomandaţi un medic bun?
	[putetzj sömj rekomandatzj un medik bun]
Ich habe hier Schmerzen.	Mă doare aici. [mö doare ajitsch]

Bank

Wo ist hier bitte …	Vă rog, unde este aici …
	[wö rog unde iesste ajitsch]
… eine Bank?	… o bancă? [o bankö]
… eine Wechselstube?	… un oficiu de schimb?
	[un ofitschiju de sskimb]
Ich möchte … Euro (Schweizer Franken) in Lei wechseln.	Aş dori să schimb euro (franci elveţieni) in lei. [asch dori ssö sskimb euro (frantschj elvetzienj) ün lej]

Post

Was kostet …	Cît costă … [küt kosstö]
… ein Brief …	… o scrisoare … [o sskrissoare]
… eine Postkarte …	… o vedere … [o wedere]
… nach Deutschland?	… pentru Germania?
	[pentru dschermanija]
	persoane pentru atschjiasstö ssearö]

ZAHLEN

0 zero [sero]	20 douăzeci [douösetschj]
1 unu [unu]	21 douăzeci şi unu
2 doi [doj]	[douösetschj schi unu]
3 trei [trej]	30 treizeci [trejsetschj]
4 patru [patru]	40 patruzeci [patrusetschj]
5 cinci [tschintschj]	50 cincizeci [tschintschsetschj]
6 şase [schasse]	60 şaizeci [schajsetschj]
7 şapte [schapte]	70 şaptezeci [schaptesetschj]
8 opt [opt]	80 optzeci [optsetschj]
9 nouă [nouö]	90 nouăzeci [nouösetschj]
10 zece [setsche]	100 o sută [o ssutö]
11 unsprezece [unsspresetsche]	1/2 jumătate [schumötate]
12 doisprezece [dojsspresetsche]	1/4 un sfert [un ssfert]

Reiseatlas Rumänien

**Die Seiteneinteilung für den Reiseatlas finden Sie
auf dem hinteren Umschlag dieses Reiseführers**

Mit freundlicher Unterstützung von

kein urlaub ohne

**holiday
autos**

www.holidayautos.com

total relaxed in den urlaub: einsteiger-übung

1. lehnen sie sich entspannt zurück und gleiten sie in gedanken zu den cleveren angeboten von holiday autos. stellen sie sich vor, als weltgrösster vermittler von ferienmietwagen bietet ihnen holiday autos

   - mietwagen in über 80 urlaubsländern
   - zu äusserst attraktiven preisen

2. vergessen sie jetzt die üblichen zuschläge und überraschungen. dank

   - alles inklusive tarife
   - wegfall der selbstbeteiligung
   - und min. 1,5 mio € haftpflichtdeckungssumme (usa: 1,1 mio €)

   steht ihr endpreis bei holiday autos von anfang an fest.

3. nehmen sie ganz ruhig den hörer, wählen sie die telefonnummer **0180 5 17 91 91** (12cent/min), surfen sie zu **www.holidayautos.com** oder fragen sie in ihrem reisebüro nach den topangeboten von holiday autos!

kein urlaub ohne

holiday autos

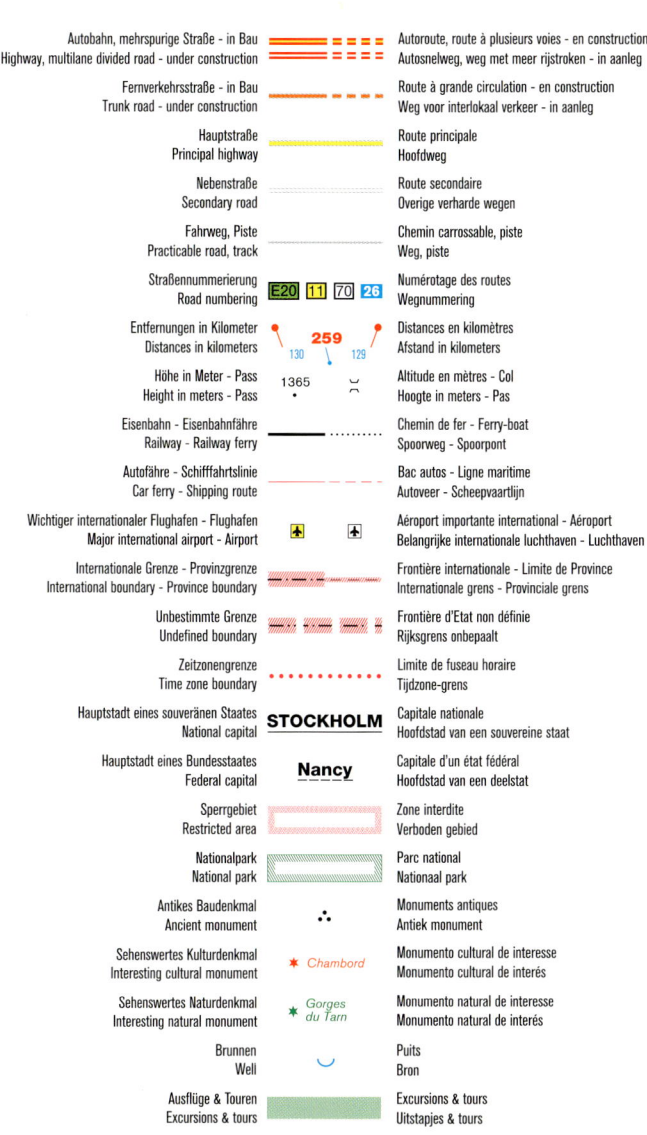

Deutsch / English		Français / Nederlands
Autobahn, mehrspurige Straße - in Bau Highway, multilane divided road - under construction		Autoroute, route à plusieurs voies - en construction Autosnelweg, weg met meer rijstroken - in aanleg
Fernverkehrsstraße - in Bau Trunk road - under construction		Route à grande circulation - en construction Weg voor interlokaal verkeer - in aanleg
Hauptstraße Principal highway		Route principale Hoofdweg
Nebenstraße Secondary road		Route secondaire Overige verharde wegen
Fahrweg, Piste Practicable road, track		Chemin carrossable, piste Weg, piste
Straßennummerierung Road numbering	E20 11 70 26	Numérotage des routes Wegnummering
Entfernungen in Kilometer Distances in kilometers	130 259 129	Distances en kilomètres Afstand in kilometers
Höhe in Meter - Pass Height in meters - Pass	1365	Altitude en mètres - Col Hoogte in meters - Pas
Eisenbahn - Eisenbahnfähre Railway - Railway ferry		Chemin de fer - Ferry-boat Spoorweg - Spoorpont
Autofähre - Schifffahrtslinie Car ferry - Shipping route		Bac autos - Ligne maritime Autoveer - Scheepvaartlijn
Wichtiger internationaler Flughafen - Flughafen Major international airport - Airport	✈ ✈	Aéroport importante international - Aéroport Belangrijke internationale luchthaven - Luchthaven
Internationale Grenze - Provinzgrenze International boundary - Province boundary		Frontière internationale - Limite de Province Internationale grens - Provinciale grens
Unbestimmte Grenze Undefined boundary		Frontière d'Etat non définie Rijksgrens onbepaalt
Zeitzonengrenze Time zone boundary	• • • • • • • •	Limite de fuseau horaire Tijdzone-grens
Hauptstadt eines souveränen Staates National capital	**STOCKHOLM**	Capitale nationale Hoofdstad van een souvereine staat
Hauptstadt eines Bundesstaates Federal capital	**Nancy**	Capitale d'un état fédéral Hoofdstad van een deelstat
Sperrgebiet Restricted area		Zone interdite Verboden gebied
Nationalpark National park		Parc national Nationaal park
Antikes Baudenkmal Ancient monument	∴	Monuments antiques Antiek monument
Sehenswertes Kulturdenkmal Interesting cultural monument	✳ *Chambord*	Monumento cultural de interesse Monumento cultural de interés
Sehenswertes Naturdenkmal Interesting natural monument	✳ *Gorges du Tarn*	Monumento natural de interesse Monumento natural de interés
Brunnen Well	⌣	Puits Bron
Ausflüge & Touren Excursions & tours		Excursions & tours Uitstapjes & tours

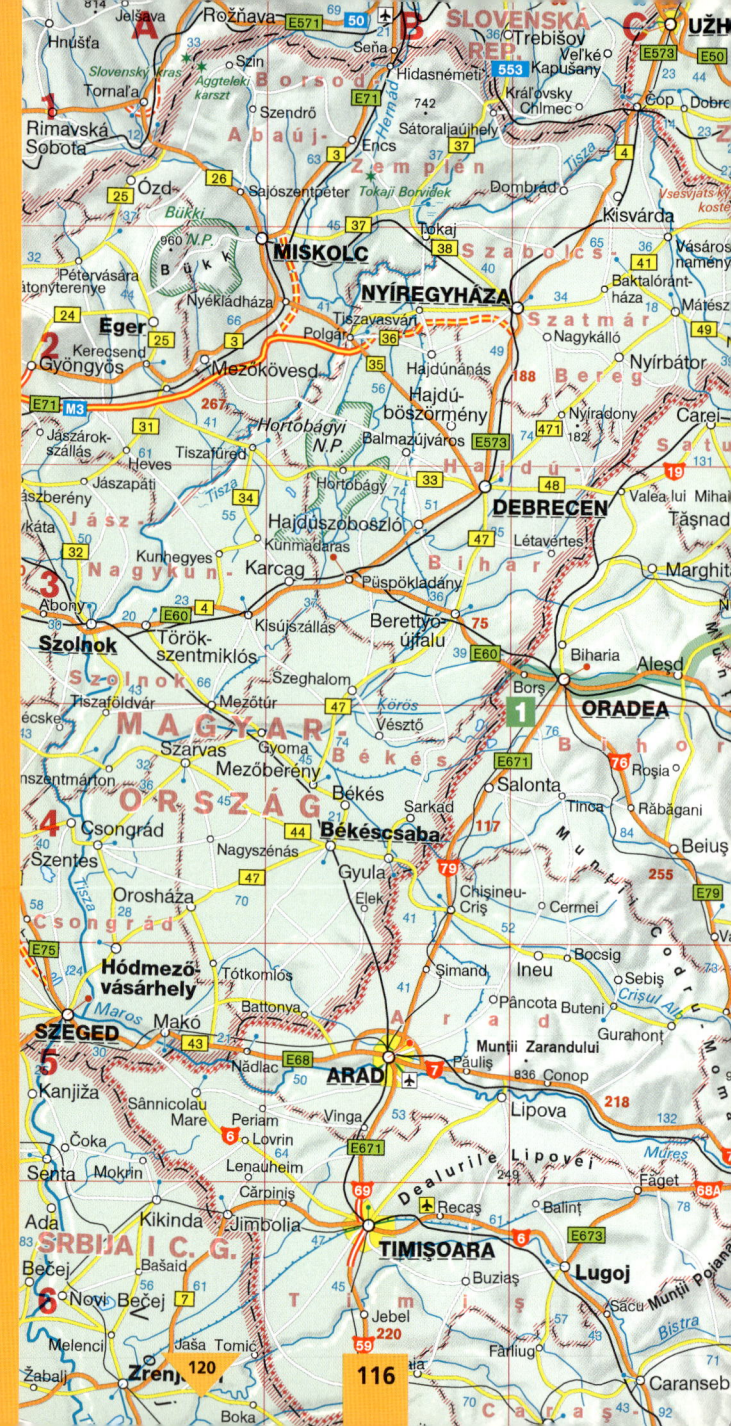

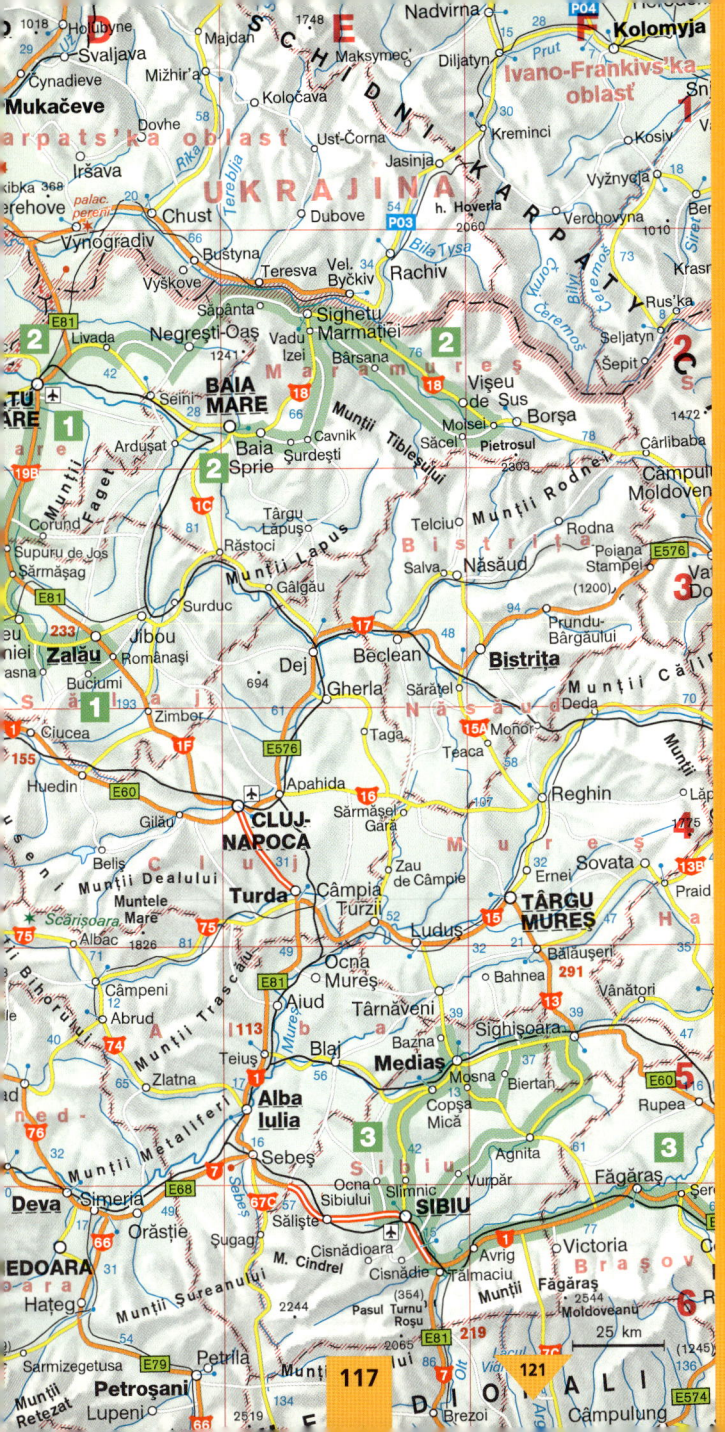

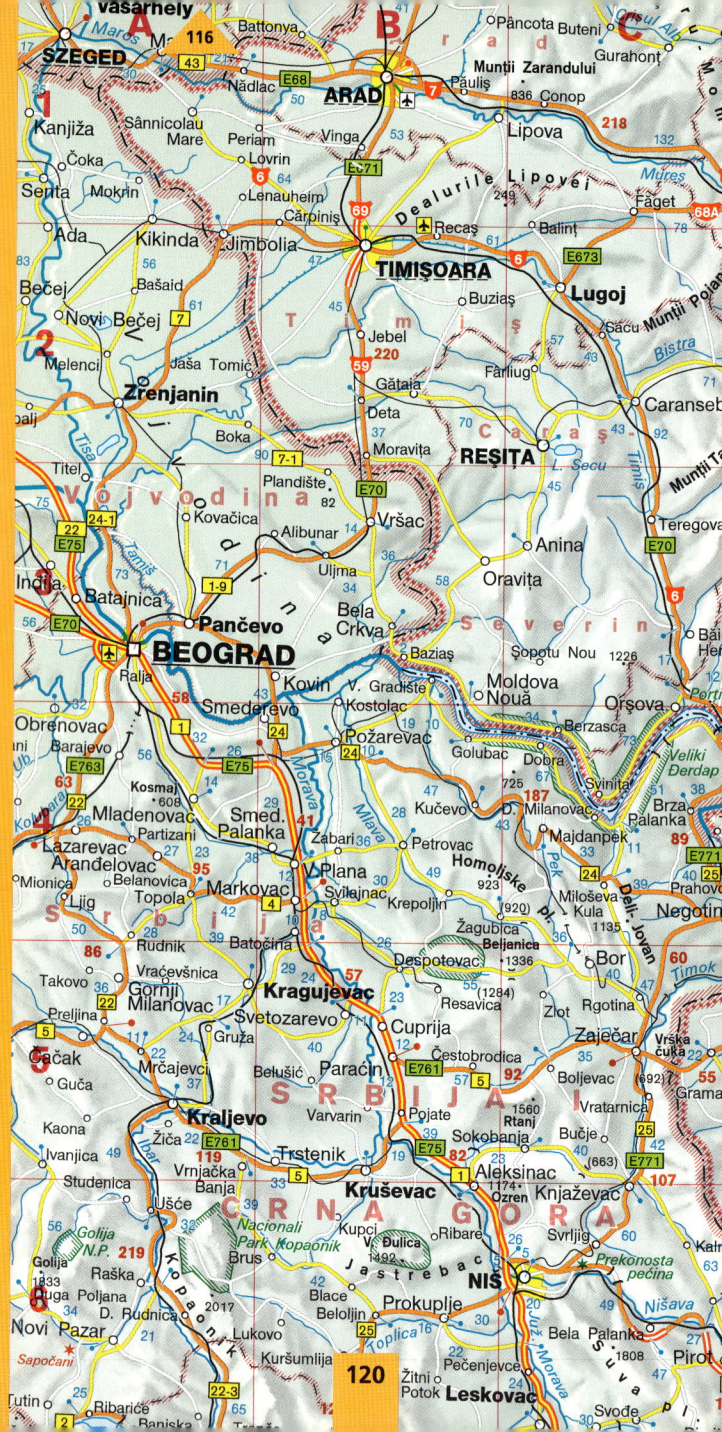

120

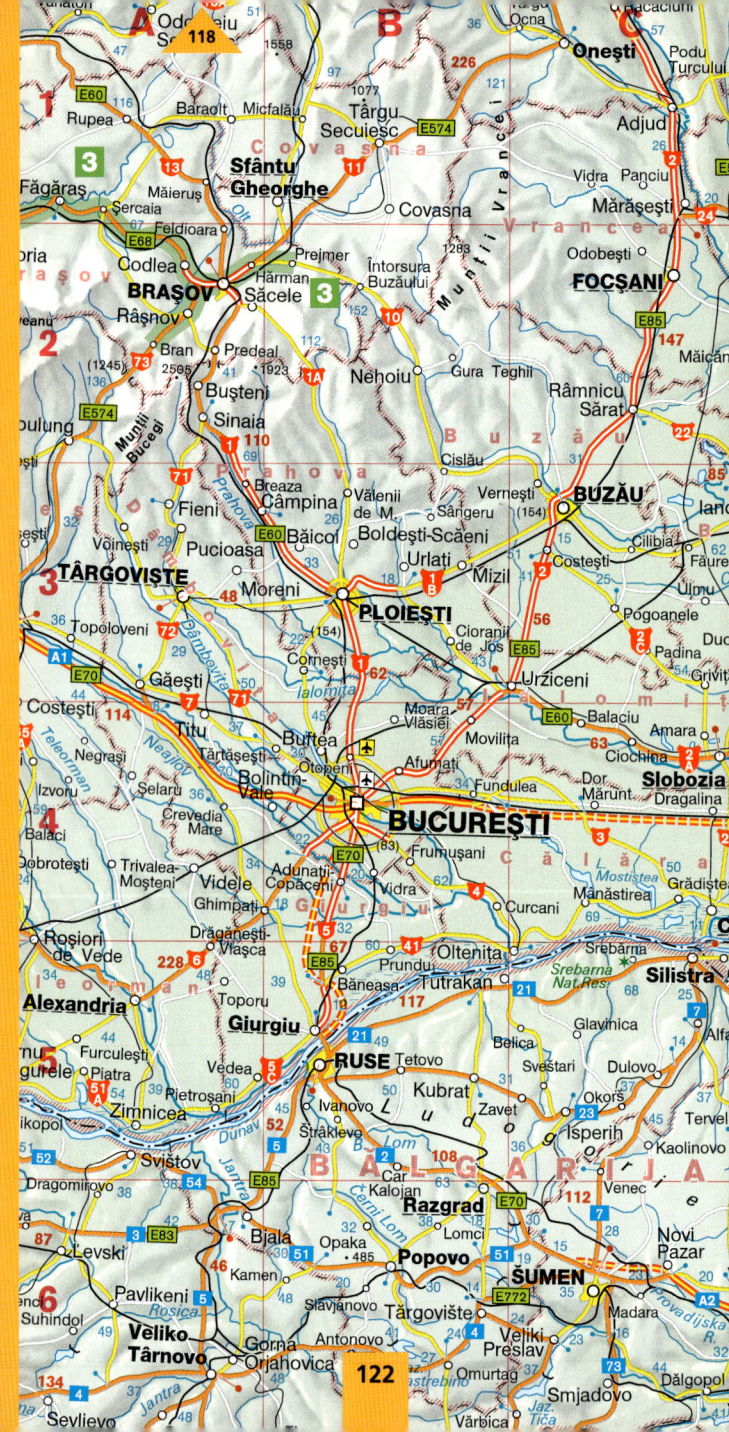

total relaxed in den urlaub: übung für fortgeschrittene

1. schliessen sie die augen und denken sie intensiv an das wunderbare wort „ferienmietwagen zum alles inklusive preise". stellen sie sich viele extras vor, die bei holiday autos alle im preis inbegriffen sind:

- unbegrenzte kilometer
- haftpflichtversicherung mit min. 1,5 mio €uro deckungssumme (usa: 1,1 mio €uro)
- vollkaskoversicherung ohne selbstbeteiligung
- kfz-diebstahlversicherung ohne selbstbeteiligung
- alle lokalen steuern
- flughafenbereitstellung
- flughafengebühren

2. atmen sie tief ein und lassen sie vor ihrem inneren auge die zahlreichen auszeichnungen vorbeiziehen, die holiday autos in den letzten jahren erhalten hat.

   sie buchen ja nicht irgendwo.

3. nehmen sie ganz ruhig den hörer, wählen sie die telefonnummer **0180 5 17 91 91** (12cent/min), surfen sie zu **www.holidayautos.com** oder fragen sie in ihrem reisebüro nach den topangeboten von holiday autos!

kein urlaub ohne

holiday autos

MARCO ◉ POLO

Für Ihre nächste Reise gibt es folgende Titel:

In diesem Register sind alle in diesem Führer erwähnten
Orte und Ausflugsziele verzeichnet. Halbfette Seitenzahlen
verweisen auf den Haupteintrag, kursive auf ein Foto.

Schreiben Sie uns!

Liebe Leserin, lieber Leser,

wir setzen alles daran, Ihnen möglichst aktuelle Informationen mit auf die Reise zu geben. Dennoch schleichen sich manchmal Fehler ein – trotz gründlicher Recherche unserer Autoren/innen. Sie haben sicherlich Verständnis, dass der Verlag dafür keine Haftung übernehmen kann. Wir freuen uns aber, wenn Sie uns schreiben.

Senden Sie Ihre Post an die MARCO POLO Redaktion, Mairs Geographischer Verlag, Postfach 31 51, 73751 Ostfildern, marcopolo@mairs.de

Impressum

Titelbild: Rumänisch orthodoxes Kloster Sinaia (K.U.Müller)

Fotos: Huber: Mehlig (U. l.,11, 42, 71); V. Janicke (2 o., 2 u., 6, 17, 22, 40, 48, 51, 61, 63, 69, 88); K. Kallabis (26); laif: Kaiser (U. r., 7, 31, 64, 84, 91, 93, 97, 98, 101); P. Mathis (9, 18, 38, 44, 94, 102); Mauritius: Nebe (U.M., 62), O'Brien (1, 50, 72, 74, 79, 87), PowerStock (4, 54); K.U. Müller (5 M., 12, 33, 113); Okapia: Stefanovic (5 r., 73, 81); Okapia/Bios: F. Gilson (27); W. Scherz (14, 20, 24, 25); Schuster: Meier (58)

6., aktualisierte Auflage 2003 © Mairs Geographischer Verlag, Ostfildern
Herausgeber: Ferdinand Ranft, Chefredakteurin: Marion Zorn
Redaktion: Inge Jacobshagen, Bildredaktion: Gabriele Forst (Leitung), Carmen Kubitz
Kartografie Reiseatlas: © Mairs Geographischer Verlag/RV Verlag, Ostfildern
Gestaltung: red.sign, Stuttgart

Bloß nicht!

In Rumänien ist manches anders als hierzulande – es gibt einiges, auf das Sie achten sollten

Bei Dunkelheit Auto fahren

Nach Sonnenuntergang werden Rumäniens Straßen zum lebensgefährlichen Abenteuerspielplatz. Landwirtschaftliche Fahrzeuge, Schaf- und Kuhherden – alles strebt heimwärts. Natürlich ohne Licht. Autos werden in unübersehbaren Kurven abgestellt – unbeleuchtet. Deshalb sollten Sie Ihr Reiseziel vor dem Anbruch der Dunkelheit rechtzeitig erreicht haben.

Prost sagen

Es war gut gemeint. Man hebt die Gläser, und der Gast sagt unwillkürlich in deutscher Sprache: »Prost!« Betretenes Schweigen in der Runde, die Stimmung ist hin. Es ist nicht so, dass die Rumänen unfreundlich oder fremdenfeindlich sind: Das »Prost« hat sie beleidigt – es heißt auf gut Rumänisch »Blödian« oder »Depp«. Wenn schon, dann sagen Sie »Prosit«. Das wird richtig verstanden. Oder noch besser sagen Sie es in der Landessprache: »Noroc«, Glück.

Roma fotografieren

Wenn man sie schon ablichten will, dann nur, wenn man vorher gefragt hat. Und wer nicht fragt, muss mit Schwierigkeiten rechnen. Manche Roma glauben, dass ihnen der Fotoapparat die Seele stiehlt.

Bergtouren allein

Eine Gebirgswanderung sollten Sie nicht allein unternehmen. Die Wege sind einsam, und bei einem Unfall oder einer Verletzung wäre niemand da, um Hilfe zu holen. Daher: mindestens zu zweit aufbrechen.

Locker gekleidet eine Kirche besuchen

Seit das religiöse Leben in Rumänien wieder erwacht ist, kann es passieren, dass Frauen draußen bleiben müssen, wenn sie mit Hosen oder gar mit Shorts ein Kloster oder eine Kirche besichtigen wollen. Um keinen Anstoß zu erregen, ist ein Knie bedeckendes Kleid angebracht, vor allem in ländlichen Gegenden.

Halbvolle Gläser

Der Rumäne trinkt stets auf die Gesundheit der Lebenden und das Seelenheil der Verstorbenen. Deshalb gilt es als unhöflich, ein halb volles Glas stehen zu lassen. Diese alte Tradition wird vor allem noch von der Landbevölkerung gepflegt.

Terminhetze

Sie sollten Zeit mitbringen. Die Rumänen sind sehr gastfreundlich und können es überhaupt nicht verstehen, wenn ihr Besuch von Sehenswürdigkeit zu Sehenswürdigkeit hetzt.